博士后文库
中国博士后科学基金资助出版

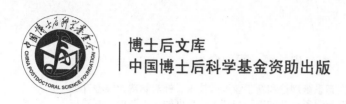

新工业革命背景下的
制造与服务融合理论与技术

张 卫 著

科学出版社
北 京

内 容 简 介

本书结合商业生态系统理论和新工业革命技术，针对制造业转型升级的目标，提出了制造与服务融合的理论与技术体系框架，主要包含制造与服务融合大数据环境构建技术、制造与服务横向价值链融合理论、制造与服务纵向产业链融合理论、制造与服务融合的管理平台技术等。在新工业革命背景下，本书尝试从整体角度，以生产性服务和制造服务化为对象，构建制造与服务融合过程中服务企业、制造企业、终端用户之间的价值链与产业链互动机制，同时在商业生态系统中建立制造与服务融合随时随地运作的理论和技术体系。

本书可供智能制造领域从事研发和工程应用的科技人员、高等院校的研究人员参考，也可作为机械工程、智能制造工程和工业工程等相关专业本科生及研究生的学习辅助资料。

图书在版编目（CIP）数据

新工业革命背景下的制造与服务融合理论与技术 / 张卫著. —北京：科学出版社，2023.8

（博士后文库）

ISBN 978-7-03-076216-0

Ⅰ. ①新… Ⅱ. ①张… Ⅲ. ①制造工业-服务经济-研究-中国 Ⅳ. ①F426.4

中国国家版本馆CIP数据核字（2023）第158522号

责任编辑：朱英彪 赵微微 / 责任校对：王萌萌
责任印制：吴兆东 / 封面设计：陈 敬

科学出版社 出版

北京东黄城根北街16号
邮政编码：100717
http://www.sciencep.com

北京科印技术咨询服务有限公司数码印刷分部印刷
科学出版社发行 各地新华书店经销

*

2023年8月第 一 版 开本：720×1000 1/16
2024年1月第二次印刷 印张：12 1/4
字数：247 000

定价：98.00元
（如有印装质量问题，我社负责调换）

"博士后文库"编委会

"博士后文库"序言

1985年，在李政道先生的倡议和邓小平同志的亲自关怀下，我国建立了博士后制度，同时设立了博士后科学基金。30多年来，在党和国家的高度重视下，在社会各方面的关心和支持下，博士后制度为我国培养了一大批青年高层次创新人才。在这一过程中，博士后科学基金发挥了不可替代的独特作用。

博士后科学基金是中国特色博士后制度的重要组成部分，专门用于资助博士后研究人员开展创新探索。博士后科学基金的资助，对正处于独立科研生涯起步阶段的博士后研究人员来说，适逢其时，有利于培养他们独立的科研人格、在选题方面的竞争意识以及负责的精神，是他们独立从事科研工作的"第一桶金"。尽管博士后科学基金资助金额不大，但对博士后青年创新人才的培养和激励作用不可估量。四两拨千斤，博士后科学基金有效地推动了博士后研究人员迅速成长为高水平的研究人才，"小基金发挥了大作用"。

在博士后科学基金的资助下，博士后研究人员的优秀学术成果不断涌现。2013年，为提高博士后科学基金的资助效益，中国博士后科学基金会联合科学出版社开展了博士后优秀学术专著出版资助工作，通过专家评审遴选出优秀的博士后学术著作，收入"博士后文库"，由博士后科学基金资助、科学出版社出版。我们希望，借此打造专属于博士后学术创新的旗舰图书品牌，激励博士后研究人员潜心科研，扎实治学，提升博士后优秀学术成果的社会影响力。

2015年，国务院办公厅印发了《关于改革完善博士后制度的意见》（国办发〔2015〕87号），将"实施自然科学、人文社会科学优秀博士后论著出版支持计划"作为"十三五"期间博士后工作的重要内容和提升博士后研究人员培养质量的重要手段，这更加凸显了出版资助工作的意义。我相信，我们提供的这个出版资助平台将对博士后研究人员激发创新智慧、凝聚创新力量发挥独特的作用，促使博士后研究人员的创新成果更好地服务于创新驱动发展战略和创新型国家的建设。

祝愿广大博士后研究人员在博士后科学基金的资助下早日成长为栋梁之才，为实现中华民族伟大复兴的中国梦做出更大的贡献。

中国博士后科学基金会理事长

前　言

　　制造业与服务业的融合成为制造业转型升级的主要途径之一，制造业信息化也推进到智能制造的新阶段。在工业互联网、工业 4.0、《中国制造 2025》等新工业革命走向深入之际，制造服务产业成为新的经济增长点，制造与服务融合问题的研究也迫在眉睫。国内外产业界和学术界在生产性服务、制造服务化、服务型制造等方面进行了实践与研究，形成了一些解决问题的初步方案。为了更好地解决制造与服务的融合问题，需要在新工业革命背景下基于商业生态系统研究制造与服务融合机理，从而更好地在制造企业、服务企业和终端用户之间实现制造服务资源的智能化应用，促进中国制造业走出大而不强的困境。

　　本书作者多年来对制造与服务融合大数据环境构建技术、制造与服务横向价值链融合理论、制造与服务纵向产业链融合理论、制造与服务融合的管理平台技术等理论与技术进行了深入研究。从 2008 年开始，结合制造业信息化与工业工程背景，以多学科角度考察制造服务的本质与运作，分别尝试了从制造服务链、制造服务信息化、第四方制造服务运营环境等多个视角进行研究，取得了关于制造服务的初步认识；同时，借鉴了浙江省数字经济与智能制造研究实践经验，以新工业革命技术为基础，提出制造服务的概念，通过项目实践和理论研究，逐步建立起制造与服务融合的理论体系。在作为博士后、访问学者、副教授的工作期间，作者把对于制造服务的初步认识写成制造服务三部曲，梳理和总结了制造服务的研究思路：第一部移动制造服务理论是将移动互联网与商业生态系统引入制造服务研究，获得制造与服务融合的一种方式；第二部智能制造服务理论是要构建工业 4.0 环境下的制造服务，并融合在智能制造的探索中；第三部制造与服务融合理论是从新工业革命背景分析价值链和产业链的制造与服务融合机理，揭示制造服务的基本问题。这三部曲构成作者对制造服务研究第一个阶段的总结。本书是作者所著制造服务三部曲的第三部。

　　本书构建了制造与服务融合的理论体系，主要内容如下。第 1 章是本书的研究背景和相关理论技术阐述。第 2 章主要介绍制造与服务融合的理论框架构建，通过商业生态系统理论和新工业革命技术综述，界定制造业服务外延与服务业制造内涵，提出新工业革命背景下制造与服务融合的理论与技术体系框架。第 3~6 章主要介绍制造与服务融合四方面核心理论技术体系的建立，是本书的重点部分。针对制造与服务融合大数据，提出一种基于商业生态系统和工业大数据技术的制造与服务融合大数据感知、分析、决策方法；针对制造与服务融合价值链，提出一组基于价值链理论和新工业革命技术的制造与服务横向价值链融合方法；针对制造与服务融合产业链，提出一套基于产业链理论和工业智能技术的制造与服务纵向产业链融合方法；针对制造与服务融合管理平台，提出一种基于模块化理论和新工业革命技术的制造与服务融合管理平台的建模方法。第 7 章为总结与展望，简要指出制造与服务融合的核心技术、研究难点以及应用前景。

本书内容主要源于国家自然科学基金(51205353)、国家社会科学基金(17BGL086)、中国博士后科学基金特别资助(2013T60586)、浙江省软科学研究计划项目(2021C35041)、浙江省重点研发计划(2019C01134)、浙江省博士后科研项目择优资助(BSH1202053,BSH1402022)等研究成果。本书的撰写得到潘晓弘教授、唐任仲教授、顾新建教授、石涌江教授、江平宇教授、李仁旺教授、方水良副教授等的指导和帮助，在此表示感谢。同时感谢浙江师范大学工学院鄂世举教授的大力支持，以及朱信忠、程光明、王冬云、李熹平、张忠华、丁金福、兰虎、田景红、夏文俊、汪彬、王成武等同事的热心帮助，还要感谢制造服务课题组王兴康、王俊、章胜达、刘明通、李小龙等研究生的积极参与。

制造服务研究是一个多学科交叉领域，相关研究还不成熟，并且对于制造服务本身内涵的认识还处于初步阶段，国外学者从定性角度应用公司案例确定制造服务性质是较好的研究方法，国内专家从企业角度以解决方案实现制造服务应用也是较好的研究思路。本书只是探索和尝试将生产性服务与制造服务化统一起来，从顶层设计一种研究框架，指导后续深入研究。

鉴于作者水平和经验有限，书中难免有疏漏之处，恳请专家及读者批评指正。

张　卫
2023 年 3 月于金华

目　　录

第1章 绪 论

1.1 引 言

制造与服务融合逐渐统一了工业与服务业的运作，使得服务逐步渗透到制造业的各个环节，在制造业服务增强的基础上，出现了制造服务化的明显趋势。在新工业革命背景下，制造与服务融合的技术基础不断夯实，大数据、云计算突破了制造与服务融合的海量数据资源管理瓶颈；物联网、5G(5th generation mobile communication technology，第五代移动通信技术)解决了制造与服务融合的海量信息资源共享难题；信息物理融合、边缘计算确定了制造与服务融合的海量知识资源优化模式。新工业革命的颠覆性技术革新还在持续中，这些技术成果不断实践，促进制造业与服务业的融合。制造与服务融合成为新工业革命的核心应用之一，在技术革新的同时，管理创新同样重要。制造与服务融合需要适应市场，适应商业模式，商业生态系统为制造与服务融合的管理创新奠定基础。本书从商业生态系统视角提出制造与服务融合概念及其理论与技术体系。

本章基于制造业升级转型的目标，阐述制造与服务融合的研究背景；结合生产性服务与制造服务化，综述制造与服务融合相关理论与技术的研究现状。在此基础上，提出本书的结构和主要内容。

1.2 研究背景

在中国制造业转型升级进程中，制造业与服务业融合成为重要研究课题，特别是《中国制造 2025》战略中将"积极发展服务型制造与生产性服务业"列为我国战略发展重点之一，促进了制造与服务融合的深入研究。国内外工程界的制造服务实践，使得制造企业获得了创新之路，提升了企业竞争力；学术界的制造服务研究也呈现多样化局面，从制造业视角研究制造服务化模式，从服务业角度研究生产性服务运作模型，从信息化方向研究产品服务系统，用管理学理论研究制造新模式演化，以智能制造技术研究云制造与制造物联等。这些理论与实践为制造与服务融合研究提供了坚实基础。

1.2.1 制造与服务融合研究的重大意义

以工业 4.0 和工业互联网为代表的新工业革命促进了制造业的全球分工，我国面对新工业革命提出《中国制造 2025》，加入到制造业全球化的竞争中。中国应对新工业革命的主攻方向选择在智能制造，是基于国内工业体系比较完整、核心技术掌握不足的现实提出的。未来制造业面临问题的解决途径之一就是在新工业革命背景下，特别是智能制造环境中寻找制造与服务融合的基本路径，因此本书既考虑商业生态系统的理论支撑，也考虑智能制造的实践需求。

由于制造企业、服务企业和终端用户具有分布式、离散型和复杂性特点，在商业生态系统下必须提供制造与服务融合方法以适应个性多变的制造服务需求，制造与服务融合的实现包括横向价值链融合和纵向产业链融合。尽管国内外在商业生态系统和智能制造理论方面已开展过较深入的研究，但在商业生态系统的价值链对制造与服务融合影响方面的研究较少，对智能制造中生产性服务和制造服务化的产业链问题认识不足，这些问题如果不解决，会制约新工业革命中制造服务理论的发展和认识，因此，开展制造与服务融合方面的研究具有重要的学术价值。

在新工业革命背景下，国内企业注重制造与服务的融合，通过提供制造与服务解决方案获得了更多的商业价值，改善了长期处于国际制造业价值链低端的困境。工程界和学术界开始进行制造与服务融合的实践和研究，结合生产性服务业和制造业服务化，提出了服务型制造、云制造、制造物联等新的制造模式。研究表明，制造企业通过服务化提升竞争力，服务企业通过生产性服务获得更多价值，终端用户随着产品和服务的集成供应得到更多实惠，这些工程实践促进了制造与服务的融合，进而促进新工业化的升级转型。然而新工业革命中制造与服务融合的运作管理存在组织不及时、资源不均衡、协作不紧密等问题，这就需要一个商业生态系统来统一配置制造与服务资源，并且协调各方利益以达到价值共享、资源优化和合作共赢的目的。因此，在商业生态系统中引入制造与服务融合的研究具有重要的应用价值。

1.2.2 制造与服务融合的相关理论渊源

制造与服务融合研究源于生产性服务研究，针对制造企业提供各种中间性服务开启了制造与服务融合之路，随着制造业与服务业各自发展壮大，制造与服务的界限逐渐淡化，提供生产性服务的公司成为服务企业；制造与服务融合的另一个源头是制造服务化，制造企业在价值分析中发现产品本身价值在商品中占比逐渐缩小，服务价值逐渐扩大，这促使企业提供产品服务系统来满足客户需求，于是出现了制造业服务增强与制造服务化。

制造与服务融合研究在生产性服务与制造服务化的推动下，以实践带动理论，以产业驱动技术，得到持续发展。1969 年，Skinner[1]将制造职能和企业战略相联系，随后制造战略的概念体系和方法论等内容获得深入研究，并且取得大量的成果[2-24]。新技术的出现会催生新的制造战略，新的制造战略也影响着制造业的发展。然而，以往服务业在制造业中的作用没有得到足够的重视。制造业面对的种种压力催生了制造服务[25]，随着制造全球化的发展，各国的制造新战略中逐步将制造服务列入重要任务。

服务型制造是制造与服务相融合的新产业形态，是新的生产模式[26-32]。服务型制造将生产性服务和制造业服务化结合起来为制造与服务融合研究提供了新思路。对于服务创新、现代制造服务运作模式等的研究也是从整体角度的有益尝试。智能制造领域出现的云制造和制造物联等新制造模式，提供了新工业革命的运作环境。新工业革命中 5G 等技术的突破，使得制造与服务相融合，实现实时的运作与管理。国外对于服务型制造研究的称呼各不相同，如美国是"基于服务的制造"，英国是"产品服务系统"，日本是"服务导向型制造"，澳大利亚是"服务增强型制造"等。中国对服务型制造开展了大量研究，取得了丰硕的成果。

2004 年，国际商业机器公司(International Business Machines Corporation, IBM)提出服务科学、管理与工程(service sciences, management and engineering, SSME)的概念，试图从计算机科学角度整合相关学科，形成服务科学学科[33]。其中，服务科学研究服务系统及其自身的运作规律；服务管理研究高效率服务运作、服务需求预测、高质量服务设计、高满意度服务提供等问题；服务工程研究利用互联网技术(internet technology, IT)来支持服务系统的设计、构建和部署；服务运作研究服务的具体执行技术。2007 年，哈尔滨工业大学的徐晓飞教授课题组提出一种用以刻画服务系统建模、构建与部署的服务工程概念性框架[34]，该框架是可定义、可实现、可评价的服务模型驱动体系结构；同时还研究了组合 Web 服务的价值分析方法[35]、支持大规模个性化功能需求的服务网络构建[36]、制造服务及其成熟度模型[37]、基于 E3-Value 的服务供应链运作管理流程和方法[38]、基于分层超图的服务价值依赖模型[39]、多层次图形化服务价值建模方法[40]、面向双边资源整合的服务创新模式[41]等。

产品服务系统(produce service system，PSS)作为制造服务化的结果，是集成产品与服务提供给终端用户的系统方案[42-44]。一般认为，产品服务系统有面向产品的、面向效用的、面向应用的等[45,46]。剑桥大学制造研究院(Institute for Manufacturing，IFM)的 Steve Evans 教授所在工业可持续(industrial sustainability)研究组定性研究了产品服务系统相关问题，为产品服务系统的实现提供了有益参考[47-53]，并在企业咨询中获得成功。国内在产品服务系统研究方面也取得了一些成果[54-62]。浙江大学的顾新建教授等[63]通过在杭州汽轮机、海尔家电等企业的制造服务实践，提出了产品服务系统的共性关键技术，既包括面向产品服务的设计技术、产品维修服务技术、面向产品服务的用户需求挖掘技术、产品服务的人性化技术、产品服务信息采集技术等，也包括产品服务系统的组织和过程优化理论、产品服务全生命周期管理理论与方法等。西安交通大学的江平宇教授等[64]对工业产品服务系统的概念及其执行逻辑进行了详细定义，提出工业产品服务系统的分类方法及工业产品服务系统关键技术，并指出关键技术主要包括工业产品服务系统生产能力建模、工业产品服务系统运作模式与过程建模、工业产品服务系统服务价值分析等。

1.2.3 制造与服务融合的本质

制造与服务融合的本质是制造服务活动，制造服务活动是在制造产品与提供服务过程中产生的各种业务，这些业务部分是生产性服务，部分是制造服务化。制造与服务融合一方面在产品制造中外延服务要素，另一方面在服务提供中内含制造要素，而提供给终端用户的是产品服务系统，淡化了制造与服务的界限。为了便于研究，可以假设服务企业、制造企业、终端用户作为制造服务主体来组织制造服务活动，在三个制造服务主体之间组成商业生态系统，应用新工业革命技术来实现制造服务活动的信息化与智能化。

制造与服务融合一般通过生产性服务与制造服务化来实现，生产性服务是服务企业与制造企业之间的制造服务活动，制造服务化是制造企业与终端用户之间的制造服务活动，以此为基础可以生成更为复杂的制造服务活动，一般采用模块化方法来实现。将制造与服务融合过程中的部分业务组成制造服务模块，确定这些模块之间的关系，以制造服务方案来调度这些制造服务模块，就可以生成满足终端用户个性化需求的制造服务系统。新工业革命背景下基于商业生态系统的制造与服务融合基本概念如下。

(1) 服务企业。服务企业是为制造企业提供服务的企业，服务可以是配套产品，也可以是生产性服务。服务企业以服务创新为主，从制造企业处获得业务，然后分析制造企业需求，与制造企业互动，共同规划产品服务系统，承担其中的服务要素。

(2) 制造企业。制造企业是为终端用户提供服务的企业，服务可以是产品，也可以是产品服务系统。制造企业以产品创新为主，从终端用户处获得业务，需要分析终端用户的个性化需求，与服务企业互动，共同规划产品服务系统，承担其中的产品要素。

(3) 终端用户。终端用户是产品或服务的最终使用者，通过支付价值实现产品或服务流通。终端用户以订单选择为主，可以选购企业提供的服务或产品，也可以提出个性化需求驱动企业制造产品或提供服务。

(4) 生产性服务。生产性服务是服务企业和制造企业之间进行制造与服务融合，服务企业提供各类制造企业需要的服务，或者制造企业将部分服务业务外包给服务企业。生产性服务以服务要素参与制造服务活动，创造价值并分配价值。

(5)制造服务化。制造服务化是在制造企业和终端用户之间进行制造与服务融合，制造企业通过不断增强产品的服务特性来满足终端用户的个性化需求，最后形成产品服务系统。制造服务化以产品要素和服务要素参与制造服务活动，创造价值并分配价值。

1.3　制造与服务融合的相关理论与技术研究现状

制造与服务融合研究是一个多学科交叉的系统工程，机械工程学科提供了产品设计与制造的核心技术以及制造系统的实现模式；计算机科学与技术学科提供了制造业信息化的核心技术以及服务工程的平台架构；管理科学与工程学科提供了服务系统运作与管理的核心技术以及制造融合服务的概念特征；其他学科也为制造服务研究提供了专门知识。工程界的制造服务主要是企业针对个性化顾客需求进行服务创新，以产品服务系统改进单纯产品来实现价值增值。学术界的制造服务研究的主要是生产性服务和制造服务化理论，国内学者立足制造，提出现代制造服务、服务型制造、产品服务系统等概念，同时基于新工业革命技术，提出云制造、制造物联等制造服务模式。宏观层面，在美国提出振兴先进制造计划之后，德国、英国、中国等国也都制定了制造业发展新战略，其中涉及制造服务的内容，为制造服务研究提供了明确导向。

1.3.1　生产性服务与制造服务化

20 世纪 60 年代，国外制造服务研究开始于生产性服务，而后出现了对应的制造服务化研究。21 世纪初，国内研究服务业的学者开始关注并将生产性服务概念引入国内，同时也引入了制造服务化概念。

1. 生产性服务

生产性服务是服务企业提供给制造企业的服务活动，这种服务活动不针对终端用户，具有中间需求性。信息服务、人力服务、咨询服务、设计服务、大数据服务等都属于生产性服务，生产性服务内涵广泛，还没有确切的定义来描述。生产性服务属于服务范畴，同时也具有一些特性，例如，生产性服务中间投入性强、具有可贸易性、依赖知识和人力资本、产业关联性强等。生产性服务促进了制造与服务融合，对于制造业，生产性服务提供专业化服务，可以为制造企业实现分工深化和升级换代；对于服务业，生产性服务提供服务产业创新，可以为服务企业改善投资环境，使交易成本降低、效率提高。

生产性服务概念最早是由美国经济学家 Greenfield[65]于 1966 年提出的，是为了方便研究服务业及其分类。他强调生产性服务业为生产和商务活动提供服务，提出中间投入服务，其服务对象不包括最终消费者。后来针对服务业的分类，Healey 等[66]提出服务业分为消费性服务和生产性服务。生产性服务业为其他公司提供服务的概念由 Howells 等[67]提出。生产性服务可以提高生产过程不同阶段的产出价值和运动效率[68]，它的内涵包括办公清洁、货物储存与分配、科学服务等[69]。弹性生产方式由 Coffey 等[70]提出，用于研究生产性服务业的增长和区位间关系。Harrington[71]提出英国生产性服务业包括信息技术服务、就业增长相关服务等。这可以界定出生产性服务内容之一是制造业信息化服务[72]，它可以为制造企业提供中间产品。1990 年，Goe 等[73]提出制造部门是西方发达国家应用生产性服务的主要部门[73]，这种观点逐渐适用于中国，生产性服务将为制造业提供重要支持，也是制造服务研究的重要对象。另外，国外对于生产性服务的内涵也提出了一些值得借鉴的观点[74-76]。

国内关于生产性服务的研究起步较晚，中山大学李江帆团队在第三产业研究的基础上[77]，最先引入国外生产性服务概念[78,79]。毕斗斗[80,81]和任旺兵[82]研究了生产性服务的演变与发展。甄峰等[83]从地理经济学角度综述了西方生产性服务研究。吕政等[84]提出了中国生产性服务的战略选择。生产性服务业与制造业关系方面[85-91]的研究比较深入，从分工和竞争力两个视角分析生产性服务业与制造业互动的机制。同时，在区域进行应用探索发现生产性服务业能够提高经济效益，促进经济分工，增加就业机会等；在企业应用过程中发现生产性服务能够支持创业，提高企业竞争能力，降低企业成本等。生产性服务业与制造业关系的主要形式有需求遵从论、互动论、供给主导论、融合论等，四种形式是不同阶段的相对认识，互动论与实际比较相符，需求遵从论和供给主导论是强势企业立足自身的阶段性选择，融合论是产业演变的趋势。针对生产性服务和制造业的融合深化了生产性服务研究，更能促进制造与服务的融合。

2. 制造服务化

制造服务化是研究制造业中服务业的地位是否上升的问题，物品向服务转移的思想是 Becker 在 1962 年首先提出的，可以看成制造服务化的源头，然后有学者提出非工业化[92]、后工业社会、服务经济[93]等概念。另外，西方许多学者[94-99]在考察制造业的重要性时发现制造业中存在服务化趋势。20 世纪 80 年代之后的制造服务化研究主要有两方面：①针对制造业服务化趋势的探讨；②针对服务化和环境关系的研究。2003 年，Szalavetz[100]提出服务要素在制造业的全部投入中占比增加，服务成分在制造业的全部产出中占比也增加。关于制造服务化主要有三个代表性的定义：①1988 年 Vandermerwe 等[101]提出的 Servitization，把制造服务化定义成为制造企业提供解决方案，该解决方案是物品服务包，通过物品服务包可以实现价值增值；②1999 年 White 等[102]提出的 Servicizing，把制造服务化定义为一种动态的变化过程，即制造商角色从物品提供者转变为服务提供者的过程；③2003年Szalavetz[100]提出的Tertiarization,把制造服务化定义为制造企业竞争力，包括制造活动的效率和内部服务的有效组织提供,同时外部服务重要性逐渐提高。剑桥服务联盟(Cambridge Service Alliance)的Neely教授研究组[103-109]定性研究了制造服务化相关问题，以商业模式创新方法为企业的制造服务化提供支持，研究制造服务化过程的价值创造、服务性能、服务复杂性等问题，走向国际制造服务化研究的前沿。

制造服务化在价值链上表现为注重服务的作用来提升竞争优势[110-112]，中山大学李江帆团队的刘继国从投入和产出两方面分析制造服务化内涵[113-115]。投入服务化以服务要素作为投入来参与企业价值创造；产出服务化以服务产品提供给用户来参与企业价值分配。制造企业投入服务化一般表现为中间性的服务要素，如人力资源服务、金融服务、知识服务等；制造企业产出服务化是围绕产品提供更多服务，或者将服务渗透在产品中，提供产品服务系统，如物流服务、售后服务、维修服务等。制造服务化是一个过程，实现方案很多，在企业实践中逐步获得一些定性的制造服务化模式，为制造与服务融合提供参考。

清华大学技术创新研究中心的蔺雷等[116-122]在服务创新研究的基础上，提出制造业的服务增强(service enhancement)的概念、特征及其机理，将制造业服务增强理解为通过服务转型实现价值增值和利用服务来增强企业产品竞争力。考虑到制造业服务增强来源于企业，概念不统一，国外采取定性方法来研究制造业服务增强的宏观表现、微观机理及模式等，提出服务增强型产品、服务增强型制造业等概念。浙江大学创新与发展研究中心的顾新建等[123]以知识服务为基础提出服务增强的知识型制造业概念。柏昊等[124]研究服务增强在制造业产品创新中的作用。陈煜等[125]提出增值服务模式图，以及制造业供应链环境下的增值服务内容等。

1.3.2　新工业革命与商业生态系统

新工业革命随发达国家逐步强化"再工业化"战略的提出而产生和发展，同时也给中国新型工业化进程带来机遇和挑战。以商业生态系统来融合制造和服务是新工业革命的重要问题之一，可以在管理与制造的交叉研究中获得制造业转型升级的路径和方法。

1. 新工业革命

新工业革命是继机械化生产方式和流水线生产方式之后出现的新型制造范式，它以现代制造技术对既有制造范式进行改造，核心特征是制造数字化、智能化、个性化。新工业革命以移动互联网、物联网、云计算等颠覆性技术为基础，以信息为核心投入要素，以创新商业模式为效率源泉，推动智能制造的逐步实现。

美国、日本、德国作为主要的工业化国家，是新工业革命的引领者。美国以新工业革命为契机复兴制造业，形成了以工业互联网为核心的新工业革命战略。日本新工业革命的基本思路是夯实国内制造基础，技术开发投资向重点领域集中，培育战略新兴产业，形成了以"社会 5.0"为核心的新工业革命战略。德国对新工业革命进行了顶层设计，以制造业智能化引领智能社会，形成了以"工业 4.0"为核心的新工业革命战略。另外，英国提出了工业可持续的《英国工业 2050 战略》，法国提出包含 34 个优先开发项目的《新工业法国》，俄罗斯提出了以工业园区为平台、以超前发展为目标的《俄罗斯工业 4.0》等。

中国新工业革命的战略是 2015 年 5 月发布的《中国制造 2025》。该战略以应对新一轮科技革命和产业革命为重点，以促进制造业创新发展为主题，以推进智能制造为主攻方向。智能制造是各国新工业革命的核心技术，如智能工厂、智能生产、工业大数据、工业互联网、信息物理系统等关键技术。国内关于智能制造的研究始于 1993 年的国家自然科学基金项目"智能制造系统关键技术"，为保证智能制造研究的顺利进行，我国发布了《中国制造 2025》，后又印发了《国家智能制造标准体系建设指南》等系列文件。

2. 商业生态系统

商业生态系统是基于组织互动的经济联合体，它以某项核心技术或者某个核心企业为主，利益相关者与之相互依赖，由服务企业、制造企业、终端用户等制造服务主体组成的网络系统。商业生态系统特别适合考察新工业革命中制造与服务的融合，能更好地实现制造服务主体的价值创新。

国外商业生态系统的结构模型研究主要有两方面：一方面，研究商业生态系统内部的不同组织种群和子系统；另一方面，通过描述商业生态系统内部核心企业的合作网络来具体阐述其内部交互机制。商业生态系统环境会影响到企业战略的选择、企业战略的制定，需要考量企业在所处商业生态系统中的角色，即企业的生态位。商业生态系统内部企业的战略选择要和企业角色相匹配，在评价企业自身目标和能力的同时，也要评估企业所处组织体系的总体健康状况，以此来选择相应的战略。培育企业的商业生态系统成长、商业模式创新等，也是重要的研究热点。

国内商业生态系统学者注重企业竞争战略、企业商业模式、供应链协同合作等方面的研究。构建企业商业生态系统的结构，为制造服务主体的制造与服务融合提供理论支持，同时需要结合价值分析来研究商业生态系统中的价值链演化。将商业生态系统应用于电子商务、企业创新、企业网络，也是有益的探索。通过本土企业的商业生态重构，改善企业运作效率，为制造与服务融合中的商业模式创新提供了好的思路。

1.3.3　国外再工业化与中国制造新战略

在制造全球化背景下，国外再工业化趋势更加明显，各国重新考量制造业的地位，全球产业结构也随之进行调整。主要发达国家开始重视制造业发展，并相继提出基于信息技术的先进制造战略，以赢得新一轮的制造能力竞争。

1. 国外再工业化

国外再工业化首先出现在美国和德国，美国以信息技术为基础提出"工业互联网"，德国以先进制造为基础提出"工业 4.0"。20 世纪 70 年代，美国曾经由生产成本上升等导致"去工业化"，制造业发展受挫，在 2008 年遭遇金融危机后，开始意识到实体经济的重要性，特别是制造业的发展。2010 年，美国以《美国制造业促进法案》开始再工业化战略，主要发展高附加值制造业，以此来重建创新领导世界高端制造业的新工业体系。根据波特的国家竞争优势理论，建立再工业化创新驱动体系联动模式，企业层面是美国高端制造企业的战略、结构、竞争，产业层面是美国高端制造企业的相关产业、支持产业等。美国政府积极发展高附加值制造业，通过税率促进海外制造业重回美国，以此来实现美国经济的复兴。

美国再工业化举措主要有：①信息技术与智能制造技术融合；②高端制造与智能制造产业化；③建立科技创新与智能制造产业支撑；④提供中小企业与智能制造创新发展动力。美国制定《重振美国制造业框架》(2009 年)以来，通过政府立法确保依法执行，行政部门周密计划与部署，相继出台了《先进制造业伙伴计划》(2011 年)、《先进制造业国家战略计划》(2012 年)、《国家制造业创新网络纲要的战略计划》(2016 年)等；同时，提供三大关键措施推进再工业化，包括支持创新、确保人才输送、完善商业环境等。

德国一直作为制造强国引领世界制造业，为了应对美国"再工业化"，德国政府于 2010 年发布《德国 2020 高技术战略》，并于 2013 年在汉诺威工业博览会上首次提出"工业 4.0"概念[126-130]，以此推进"再工业化"战略，保持其制造业的领先地位。德国制造业专注于创新工业科技产品研发，强调信息技术在制造业中的应用，"工业 4.0"以智能制造为主导引发了第四次工业革命，即新工业革命。德国推动"工业 4.0"标准，并在欧洲甚至全球进行推广，获得了全球制造业的普遍认可。"工业 4.0"战略的核心是通过将信息通信技术、网络空间虚拟系统、信息物理系统相结合的手段，实现智能制造由自动化向智能化转型。

德国再工业化聚焦于"工业 4.0"战略，将智能生产、智能工厂、智能物流作为基础，其中智能生产是车间层次的智能化，智能工厂是企业层次的智能化，智能物流是供应链层次的智能化。"工业 4.0"的本质是基于信息物理系统实现智能工厂，表现为互联、集成、数据，其核心为智能制造，目标是建立一个具备个性化和数字化产品与服务的生产模式。"工业 4.0"的要点为建设一个网络(信息物理系统网络)、研究两大主题(智能工厂与智能生产)、实现三项集成(横向集成、纵向集成、端到端集成)、部署八大领域(标准化和参考架构、管理复杂系统、一套综合工业宽带基础设施、安全和保障、工作的组织和设计、培训和持续的职业发展、监管框架、资源利用效率等)。

英国再工业化也是在 2008 年之后，英国企业把生产业务转移回英国，带动制造业就业。作为第一次工业革命的受益者，英国制造业领先世界数百年。由于信息化应用和资源限制，英国推行了去工业化战略，转移制造业到发展中国家，集中发展高端服务产业。制造业在英国经济中的比重小于 10%，市场竞争激烈、新兴产业涌现、产品和服务需求改变等因素促使英国政府启动制造业战略研究，称为英国工业 2050。该计划旨在英国制造的复苏，并应对美国、德国、中国等国家的挑战，从 2012 年 1 月开始，于 2013 年 10 月完成《英国工业 2050 战略》(简称为英国工业 2050)的制定，报告为 "The future of manufacturing: A new era of opportunity and challenge for the UK"(未来制造业：一个新时代给英国带来的机遇与挑战)[131]。

英国工业 2050 服务于英国制造业从业者、英国的政策制定人员、立法人员等，该战略展望了到 2050 年英国制造业的发展状况，并分析了英国在制造方面存在的问题，在此基础上提出针对英国政府的四个关键特征：①要更快速、更密切地响应客户；②需要更好的可持续发展；③出现新的市场机遇；④对高技能人才的利用。同时，提出系统性领域包括更加系统、完整地看待制造领域的价值创造，明确制造价值链的具体阶段目标，增强政府长期的政策评估和协调能力。英国工业 2050 与德国工业 4.0 相比，具有较大差异：①工业 4.0 强调技术上的领先优势，而工业 2050 强调商业上的模式创新；②工业 4.0 侧重于智能制造应用，而工业 2050 侧重于工业可持续；③工业 4.0 面对企业实践，工业 2050 面对政府决策。英国工业 2050 是一项长期的制造业战略，从政策角度宣告英国制造的回归，根据英国的工业定位，深化对制造业的认识，在制造服务化方面取得领先的地位。英国制造也将在制造服务、可持续制造、商业生态系统等方面获得独特发展。

欧盟再工业化也是从 2008 年开始的，通过工业复兴推动经济发展。2010 年推出《欧洲 2020 战略：智能、可持续性与包容性增长》，提出要实现智能化的经济增长，实施七大配套旗舰计划，其中"全球化时代的工业政策"直接与智能制造相关，例如，第七框架计划(FP7)的制造云项目，其投资巨大，七年总预算 500 多亿欧元。欧盟又推出"2020 地平线计划"、"未来工厂行动"计划等。日本再工业化重视技术创新，以机器人优势确定了智能制造战略，2015 年发布《新机器人战略》。2016年日本发布《日本工业价值链参考架构》。2019年日本发布《制造业白皮书》，强化制造业竞争力，将人工智能用于企业。韩国提出"数字经济"国家战略应对再工业化，2009年韩国政府发布《新增长动力规划及发展战略》，2011年制定了《国家融合技术发展基本计划》，加快推动智能制造技术，发展高附加值制造。印度再工业化由于基础薄弱，政府组建国家制造业竞争力委员会来负责推动制造业快速持续发展，2011年发布《国家制造业政策》，加强印度制造业智能化水平。2014年印度政府启动"印度制造"计划，打造全球制造中心，核心是智能制造技术的广泛应用。

2. 中国制造新战略

中国制造从近代洋务运动以来便一直曲折发展，直到改革开放之后才蓬勃发展起来，伴随计算机集成制造系统的深入研究，制造业信息化成为中国制造新战略之一。《国民经济和社会发展第十二个五年规划纲要》提出大力发展高端装备制造业与新一代信息技术等七个"战略性新兴产业"。新工业革命背景下，越来越多的新技术应用于中国制造，如物联网。2010年以来，对物联网的重视程度显著增长。中国物联网会议每年举办一次，首个物联网中心在第一次会议上开启。该研究中心已经收到了1.17亿美元资金用于调查基础的物联网技术和与之相关的标准化需求。除此之外，大连理工大学软件学院在2009年成立了一个研究组，包括对自动化工程中信息物理系统(cyber physical system, CPS)应用的研究。2009年，中国江苏省无锡市建成了一个有300家公司、雇佣超过70000人的物联网创新区。

中国制造新战略的新阶段是《中国制造2025》战略的制定。战略目标是通过"三步走"实现制造强国[132-134]：第一步，力争用十年时间，迈入制造强国行列。第二步，到2035年，我国制造业整体达到世界制造强国阵营中等水平。创新能力大幅提升，重点领域发展取得重大突破，整体竞争力明显增强，优势行业形成全球创新引领能力，全面实现工业化。第三步，新中国成立一百年时，制造业大国地位更加巩固，综合实力进入世界制造强国前列。制造业主要领域具有创新引领能力和明显竞争优势，建成全球领先的技术体系和产业体系。《中国制造2025》的基本方针是创新驱动、质量为先、绿色发展、结构优化、人才为本。《中国制造2025》的基本原则是市场主导、政府引导，立足当前、着眼长远，整体推进、重点突破，自主发展、开放合作。《中国制造2025》的十大重点领域是新一代信息技术产业、高档数控机床和机器人、航空航天装备、海洋工程装备及高技术船舶、先进轨道交通装备、节能与新能源汽车、电力装备、农机装备、新材料、生物医药及高性能医疗器械等。《中国制造2025》的战略任务是提高国家制造业创新能力、推进信息化与工业化深度融合、强化工业基础能力、加强质量品牌建设、全面推行绿色制造、大力推动重点领域突破发展、深入推进制造业结构调整、积极发展服务型制造和生产性服务业、提高制造业国际化发展水平。

为了推进《中国制造 2025》战略实施，工业和信息化部、财政部于 2016 年 12 月发布《智能制造发展规划(2016—2020 年)》；一大批制造企业积极推进智能制造探索，形成初步成果案例，如青岛海尔冰箱互联工厂、潍柴动力的数字化车间、陕鼓动力的智能化服务、青岛红领的个性化定制、华中数控的工业机器人等；科技部出台网络协同制造和智能工厂领域的国家重点研发计划重点专项，支持了一大批科研项目，由企业或者高校牵头研究，促进了《中国制造 2025》的落地生根。在国家重点研发专项中，设置基础支撑技术、研发设计技术、智能生产技术、制造服务技术、集成平台与系统等五大方向，其中的制造服务技术方向与本书密切相关。制造服务技术方向主要研究服务生命周期制造服务价值网融合理论与方法、制造大数据驱动的预测运行与精准服务技术、基于闭环反馈的复杂产品设计制造服务融合技术、高端装备远程诊断与在线运维技术等。

1.4　本书结构与主要内容

本书构建了制造与服务融合理论与技术体系，在引入商业生态系统和新工业革命技术的基础上提出制造与服务融合理论与技术体系。

中国制造业转型的目标之一就是制造业的服务化，在制造业信息化的基础上，渗透管理学、经济学的同时，逐步与服务业融合。本书从制造与服务融合的目标出发，提出制造服务的概念，建立制造与服务融合模式，构建制造与服务融合理论与技术体系。基于商业生态系统理论和新工业革命技术，详细研究制造与服务融合大数据环境构建、制造与服务横向价值链融合、制造与服务纵向产业链融合等关键机制，建立基于商业生态的制造与服务融合理论与技术体系，为制造企业与服务企业的制造服务活动提供有益指导。

本书整体结构如图 1.1 所示。

本书的主要内容包括：

第 1 章基于制造业升级转型的目标，阐述制造与服务融合的研究背景；结合生产性服务与制造服务化，综述制造与服务融合相关理论与技术的研究现状。在此基础上，提出本书的结构和主要内容。

第 2 章先从商业生态系统组成与特征、健康性、竞争与治理等方面梳理商业生态系统理论，提供制造与服务融合的理论基础；然后，从新工业革命内涵与特征、经济范式与政策、中国新工业革命路径与内容等方面分析新工业革命技术，提供制造与服务融合的技术基础；最后，提出新工业革命中的制造与服务融合理

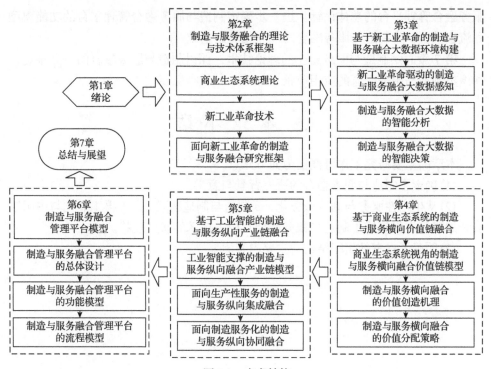

图 1.1 本书结构

论技术体系。

第 3 章提出基于新工业革命的制造与服务融合大数据管理模式，建立工业大数据感知环境，实现制造与服务融合数据的采集和存储。以智能工厂、智能生产、智能服务等核心业务为对象，构建制造与服务融合的大数据智能分析方法。以服务企业、制造企业、终端用户等制造服务主体为对象，构建制造与服务融合的大数据智能决策方法。

第 4 章提出一种基于商业生态系统的制造与服务横向价值链融合方法。在定义制造与服务横向融合内涵的基础上，建立制造与服务横向融合价值链模型。分别研究制造与服务融合的创造价值机理和分配价值策略，将价值创造与价值分配结合，共同驱动制造与服务的横向融合。

第 5 章提出一种基于工业智能的制造与服务纵向产业链融合方法。在定义制造与服务纵向融合内涵的基础上，建立制造与服务纵向融合产业链模型。分别研究面向生产性服务的产业链纵向集成方法和面向制造服务化的产业链纵向协同方法，为实现制造与服务纵向融合提供理论依据。

第 6 章提出一种基于一切即服务的制造与服务融合管理平台的建模方法。通过分析制造服务主体之间的业务关系网络，以及点位置对平台要求，实现制造与服务融合管理平台的总体设计。进一步确定制造与服务融合管理平台的功能模型和流程模型，为制造与服务融合的产业化奠定基础。

第 7 章总结制造与服务融合的理论技术，探讨制造与服务融合的研究难点，并展望制造与服务融合的应用前景。

1.5　本　章　小　结

本章的主要研究工作可概括为如下几点。

(1)确定了制造与服务融合的研究背景与意义。

(2)从生产性服务与制造服务化、云制造与制造物联、国外再工业化与中国制造新战略等方面阐述了制造与服务融合及相关技术的研究现状。

(3)明确了本书的组织结构、主要内容。

第 2 章　制造与服务融合的理论与技术体系框架

2.1　引　　言

商业生态系统理论可以较好地描述制造与服务融合中的复杂关系,服务企业、制造企业和终端用户在制造与服务融合中产生了千丝万缕的服务关系。总体来看,服务企业与制造企业之间形成了生产性服务关系,制造企业与终端用户之间形成了制造服务化关系。由于制造服务化关系主要是商业市场中产生的交易等关系,可以用商业生态系统理论来研究制造与服务融合。同时,新工业革命技术提供了更好的制造与服务融合环境,云计算、物联网、大数据、工业互联网、工业智能等技术深度应用于制造业与服务业,使得制造与服务的融合更为便捷,所以可以采用新工业革命技术来构建制造与服务融合的运营环境。在明确制造业的服务外延与服务业的制造内涵等概念之后,就可以在商业生态系统和新工业革命的基础上,建立一套基于商业生态的制造与服务融合理论技术体系。

本章分析商业生态系统理论和新工业革命技术,即商业生态系统的组成与特征、商业生态系统的健康性、商业生态系统的竞争与治理,以及新工业革命的内涵与特征、新工业革命的技术经济范式与政策、中国新工业革命的路径与内容等。在此基础上,提出新工业革命中的制造与服务融合理论技术体系。

2.2　商业生态系统理论

商业生态系统(business ecosystem,BE)是 1993 年 James F. Moore 提出的,他认为商业生态系统是以组织和个人的相互作用为基础的经济联合体,继而从创新视角来分析集中协同进化的微观经济主体等,开启了商业生态系统理论研究。多个学者从商业生态系统概念开始,持续研究市场理论与商业模式,并应用在制造业与服务业的企业分析中,结合竞争理论,取得了较多的成果,例如,剑桥大学国际制造研究中心主任石涌江等深入研究了商业生态系统在制造业领域的应用,提出了完整的理论体系[135-158]。近些年国内学者对于商业生态系统研究也取得很多成果[159-181]。下面从商业生态系统的组成与特征、商业生态系统的健康性、商业生态系统的竞争与治理等[182-202]三个方面来阐述商业生态系统理论的研究。

2.2.1　商业生态系统的组成与特征

商业生态系统强调经济主体之间为了生存与发展而相互依赖，企业之间的业务关系可以置于商业生态系统中来分析，企业角色与生态位等问题就成为系统研究内容之一。在系统中企业竞争与合作可以在某种机制作用下进行管理。

1. 商业生态系统组成

商业生态系统主要包括消费者、供应商、制造企业、服务企业、终端用户等，还包括生产性服务提供者、行业协会、标准制定机构、工会、政府、法务等组织机构。一个简化的商业生态系统由宏观环境系统、环境支持系统、核心供应链系统、竞争系统等部分组成。具体的组成部分根据行业与地区特点来定义。

商业生态系统发展历经开拓、扩展、引领、更新等四个阶段，每个阶段的系统目标与战略都会有所调整，企业之间关系也会随之发生变化。在开拓阶段，系统进行创造价值活动，制造产品与规划服务；在扩展阶段，组建核心企业，形成系统环境，获取有利的生态位；在引领阶段，系统企业协同发展，制定规则并相互竞争，核心企业地位稳固进而进行外部竞争；在更新阶段，生态系统发生巨变，需要持续改进生态系统功能，进行新旧交替进入下一轮演化。

2. 商业生态系统特征

商业生态系统特征主要表现在稳健性、网络异质性、创造性等方面。稳健性是商业生态系统抗击外界干扰的能力，在外界冲击下保持强健生命力，通过系统消除环境带来的巨大变化；网络异质性是针对不同企业具有不同的生态位角色，对网络稳定性产生不同的影响，对生产率影响也有所不同；创造性指系统内企业在专业化运作中将产生创新能力，以此来驱动生态系统演化。

商业生态系统特征也表现在创新、智能化、企业竞争等方面。在创新方面，商业生态系统内部企业之间相互竞争促使企业创新得以生存，为了满足消费者需求，企业必须通过创新来获取最大利润与市场份额，创新动力不可阻挡；在智能化方面，有商业生态系统的企业能够进行预测与计划，基于新工业革命技术实现智能制造服务；在企业竞争方面，有商业生态系统的企业为了吸引新的顾客与合作伙伴，逐步适应系统的需求，促进企业综合能力增长，实现制造与服务融合。

2.2.2　商业生态系统的健康性

商业生态系统由占据不同生态位的企业所组成，一个生态位发生变化，会影响到其他生态位企业。针对商业生态系统研究，健康性是一个重要指标，可以从强健性、生产率、市场创造力三方面来确定，进而提供一套可操作、可测量的指标体系。

1. 商业生态系统强健性

商业生态系统强健性是度量商业生态系统应对外部环境干扰与影响的能力。针对外部社会与竞争环境，商业生态系统需要持续不断地为内部企业提供利益，以保证系统商业生态系统长久生存。例如，新工业革命中颠覆性技术的出现会直接引起商业生态系统剧烈变动，系统中的企业就会随之改变策略。

商业生态系统强健性一般包括五个指标：存活率、可预见性、情景连续性、机构持续性、报废率等。商业生态系统存活率要求成员企业具有较高的生存能力，这样才能提高整个系统的存活率；商业生态系统可预见性是指在系统结构调整时，变化轨迹能够达到预期；商业生态系统情景连续性是指使用者对系统中产品或服务的消费体验不发生突变，只会在新技术引进下渐进式变化；商业生态系统机构持续性是指在外界干扰中，内部企业和各要素之间关系保持不变的能力；商业生态系统报废率应该有所限制，对于微小扰动，不会引起大幅度的更新换代，保持系统适当的报废。

2. 商业生态系统生产率

商业生态系统生产率是指一个系统将原材料转变为产品与服务有机体的效能，用来度量系统的健康与使用者的受益程度。系统中投入不断变化，生产率可以反映创新转换为某种新产品或服务的效能。

商业生态系统生产率一般包括三个指标：时变生产率、要素生产率、创新实现等。商业生态系统时变生产率是指随时间变化的生产率，即系统中企业随时间变化引起企业生产率变化，同时企业通过降低成本来提供相同的产品与服务；商业生态系统要素生产率是指系统的资本回报率，可以通过度量核心企业的资本回报率来估计，表示系统的投入产出效率；商业生态系统创新实现用来度量系统能否有效地进行技术革新、流程再造，并传递给系统其他企业，提升整个系统的竞争力。

3. 商业生态系统市场创造力

商业生态系统市场创造力是指系统多样性，度量系统中企业增加多样性的能力，以及不同企业之间的共生与协同水平。系统多样性表示企业演变与进化，增加企业数量，可以提升商业生态系统的活力，也可以抑制系统的发展。在中小企业创业与破产过程中，系统多样性具有优势与劣势，需要通过生态位淘汰来实现系统进化。

商业生态系统市场创造力一般包括两个指标：企业多样性增加、产品技术多样性增加等。商业生态系统企业多样性增加是指系统创造新企业的数量，系统中出现新的业务模式必将引起创业增加，每次创业产生的新企业在竞争中存活下来的数量就是企业多样性增加；商业生态系统产品技术多样性增加是指系统中创造的技术模块与产品方案的数量，也包括创新类别、服务种类、业务数量等，用一项技术可以提高新产品活性服务出现的能力。

2.2.3　商业生态系统的竞争与治理

商业生态系统内部企业之间不可避免地存在竞争，系统需要通过治理与平台模式较好地解决企业之间的生态位评价，以此来约束恶性竞争，引导企业之间进行良性竞争。商业生态系统治理提供市场视角的约束机制，商业生态系统平台模式提供管理视角的约束机制。

1. 商业生态系统竞争

商业生态系统竞争主要是指系统内各个企业之间的竞争，企业的战略选择需要考虑企业自身资源与能力，以及所处的外部环境。针对制造与服务融合需求，企业的竞争战略可以通过如下步骤进行：首先选择一个有前景、健康的商业生态系统，然后根据企业自身定位确定一个发展战略。在商业生态系统中可以采用复杂网络来分析企业之间的关系，复杂网络源于图论的随机图模型，在小世界网络模型与无标度网络等理论提出之后获得广泛应用。

商业生态系统竞争用复杂网络描述，寻求一个中心来稳定整个网络并且改进网络的效率。商业生态系统构成的网络可以作为小世界网络，具有较大的集聚系数和较小的平均最短距离，特别是借助边缘计算构建竞争网络，网络中绝大多数节点连接数量远小于少数节点连接数量。可以确定一个网络中心促进网络健康，使得节点之间联系便捷，使网络更稳健，能够较好地承受外部冲击，针对中心企业与非中心企业采取不同的竞争战略。

商业生态系统竞争中，企业角色以生态位来确定，大致有网络核心型、市场缝隙型、支配主宰型等三种类型。网络核心型企业作为网络中心企业或者核心企业，网络中其他企业多数业务需要通过核心企业来完成，核心企业有信息与能力引导商业生态系统，并且可以支配系统中其他企业的市场机会；市场缝隙型企业在系统中对其他企业不会造成大的影响，但是数量众多，整体影响不可忽视，绝大多数企业是缝隙型企业，采取专业化分工战略，可以对外部资源有效利用，使得商业生态系统多样化，促进系统健康；支配主宰型企业也可以作为系统中心，但是相对于网络核心型企业，所占据节点较多，同时支配主宰型企业通过一体化直接控制大部分节点独享利益，或者为了价值分配获取较大利益而采取各种措施，支配主宰型企业自身存在缺陷，不能作为系统中心。

2. 商业生态系统治理

商业生态系统治理包含市场和等级制度，Moore 提出生态系统将企业系统和市场内在化并且通过社区领导的指引来连接。商业生态系统治理是基于共同目的为网络成员提供激励与前景，并且基于成员自由主动达到其共同目标。在商业生态系统治理中，可以使用指向性机制来实现部分企业阶段性的共同目标，也可以改善生态系统应对内部结构调整与外部因素变更。

商业生态系统治理理论聚焦于价值链治理与网络治理方面。价值链是指为实现产品或服务价值，将生产、销售、回收处理等连接的企业网络组织，从原料采集与运输、产品生产与分销，到产品消费与回收过程所涉及的活动，进行活动组织以及价值分配。价值链治理是对产品、工艺、技术、参与资格等进行约束，以此来影响价值链上的活动与参与者的地位和功能。价值链治理模式主要有市场型、关系型、领导型、模块型、等级制等，其中市场型模式协调能力最低，市场作为资源配置的基本方式，通过价格水平来调节价值链中的各个参与主体的行为，各个产业之间相互独立。等级制模式协调能力最高，例如，企业制度运行核心就是上下级的管理控制，在产业链中各个地方产业集群之间的关系类似于上下级的控制关系。

网络治理基于交易成本经济学和社会网络理论，与网络经济学密切相关。网络经济学是建立在由现代通信网络、工业互联网及各种资源配置网络形成的综合性信息网络上的经济活动，它研究通信系统、经济网络和社会之间的交互作用。网络治理可以从不同视角来研究，例如，从交易成本理论视角研究市场与等级制，定义价格与命令机制；从网络中介视角研究治理，合作关系比市场更加完整；从网络独立视角研究治理，治理机制是强调利益共享与相互信任的社会型治理。也可以同时采用各种治理机制，综合考虑价格、等级、社会等机制，并将其合理应用于商业生态系统的网络治理。

3. 商业生态系统平台模式

商业生态系统一般通过平台为支撑来实现，平台模式是连接多个特定群体，并提供互动机制，满足所有群体需求并从中获利的商业模式。平台模式利用制造服务主体之间的业务关系建立增值可能性，形成网络效应，进而使得产品与服务的单向垂直产业链升级为多项网络化。在商业生态系统中，各个制造服务主体从产品与服务的供需之间找到盈利点，进行服务创新，促进制造与服务融合。

商业生态系统平台模式可以作为提供渠道的媒介或者作为提供机会的中间商，关键之处是构建一个完善的商业生态系统。制造服务主体通过平台交流互动，确定价值链的生态位，确定产业链的制造服务，实现价值创造。平台作为商业生态系统的实现载体，可以结合新工业革命技术来构建，在工业互联网中连接制造服务主体，进行虚拟化后置于资源池统一调度，类似于云制造体系实现制造与服务融合。

商业生态系统平台模式一般采取一切即服务模式，基于云计算理念，将软件即服务扩展为数据即服务、基础设施即服务、制造即服务等，进而采取虚拟化技术，将一切资源以虚实结合方式存储于平台。通过 Web 服务技术，以平台连接服务提供者与服务使用者，针对服务提供者以服务封装统一调用格式，针对服务使用者以服务组装满足个性化需求。一切即服务模式可以较好地适应商业生态系统平台的复杂性、服务化、智能化。

2.3　新工业革命技术

新工业革命是以新一轮科技革命为先导，以产业变革为主体的经济发展方式革命。新工业革命技术层出不穷，在制造业与服务业中获得广泛应用[203-220]，出现了智能制造与数字经济浪潮，各国都制定了新工业革命技术支撑的制造强国战略，以"德国工业 4.0"与"美国工业互联网"为代表引领了新工业革命，促进制造与服务融合[221-227]。

2.3.1　新工业革命的内涵与特征

21 世纪以来新一轮工业革命逐步兴起，以信息、能源、材料等技术领域突破为基础，以新一代信息技术与制造业深度融合为主线，给产业升级、经济结构、社会形态等方面带来深刻影响。新工业革命正在变革中，基本的概念与技术界定不清晰，需要进一步研究。

1. 新工业革命内涵

数字化、网络化、智能化技术开始向各产业领域加速渗透，以新技术、新产业、新业态、新模式为代表的商业模式多元增长，数字经济、平台经济、分享经济等新经济形态加速形成，等等。这些都是新工业革命现象，新工业革命表现在标志性技术、标志性产业、原发性国家等方面。新工业革命的标志性技术表现在群体技术创新中：①新一代信息技术重大突破，如计算机芯片处理技术、数据存储技术、网络通信技术、分析计算技术等；②信息技术的深度应用，如大数据、工业云、物联网、移动互联网、智能制造等；③生物产业技术，如基因工程、干细胞、生物育种等；④新能源与节能环保产业成长，新材料技术交叉渗透等。

新工业革命标志性产业主要包括数字化制造、新能源、新一代信息技术、生物、新材料等新兴产业，特别是先进制造业与现代服务业产业升级，以及制造业与服务业融合等产业。新工业革命原发性国家包括美国、德国、中国等国家，中国深度参与新工业革命，也为中国制造业发展带来机遇。中国新工业革命顺应时代发展，提出中国特色制造强国战略，同时在制造与服务融合方面进行了技术与理论创新。

2. 新工业革命特征

新工业革命的主要特征为：①以数字化、网络化、智能化制造为主导，在能源技术、材料技术、生物技术等领域突破；②通过对传统产业的赋能改造，带动工业整体升级到新的形态与高度，形成数字经济；③大数据成为重要的生产要素，特别是工业大数据技术支持历史数据分析与决策，为企业智能奠定基础。

新工业革命深刻影响着产业升级，新一代信息技术正在转化为新一代信息产业，包括云计算、大数据、物联网、人工智能、移动互联网等颠覆性技术为传统产业赋能，主要以信息物理系统为核心，以平台为载体，呈现出智能产品、智能制造、智能服务等表现形式。新工业革命至少提供了三种创新赋能方式，如智能制造、流程再造、知识自动化等。智能制造实现企业研发、生产、服务、管理全过程的精确感知、自动控制、自主分析与综合决策，具有高度感知化、物联化、智能化特征；企业流程再造以顾客需求的业务流程为中心，对现有流程重新设计，以提高企业各方面性能；知识自动化对隐含知识、模式识别、群体经验等进行模型化，并借助软件化范式，形成可执行的知识软件系统。

2.3.2 新工业革命的技术经济范式与政策

新工业革命的核心是在技术方面的深刻变革，并且是群集性的技术群，以此带来多个产业领域的高速发展，在技术与经济相互影响中形成特定的范式，进而从产业角度给出有益的政策支持，以规范新工业革命技术经济。

1. 新工业革命技术经济范式

新工业革命技术范式主要是将涉及的技术系统分为工业互联网、底层使能技术、生产设备、生产系统等。工业互联网将自动化元器件、工业以太网、数据建模仿真等技术通过网络进行互联互通与数据共享；底层使能技术包括信息技术、新材料技术、生物技术、传感技术、大数据技术等；生产设备是以数字制造、人工智能、工业机器人、增材制造等技术为代表的新兴生产装备；生产系统是应用和集成使能技术与制造技术的现代制造系统，以计算机集成制造系统为基础，引入人工智能与组织管理方式形成生产系统。

新工业革命经济范式主要是针对涉及的经济系统确定三个特征：①就业结构

由操作型和技能型就业向知识型就业转变，工业机器人的大量使用替换了传统操作型业务，企业用工需求集中在知识型人才；②公众制造与社会化创新，可以利用社会资源组织生产，形成社会化创新范式，以此来提高公共资源利用率；③经济系统具有高度集成性，以模块化方法分析经济系统的集成，通过分析复杂网络结构，模拟新工业革命经济，刻画流程复杂的业务过程，针对经济活动与竞争因素，提出集成方案。

2. 新工业革命技术经济政策

新工业革命技术政策是针对技术结构特征提出对应的产业政策。科技政策的目标是在突破技术的同时，形成独特的系统性优势；产业政策是要鼓励企业融入全球创新体系，形成开放的、参与的政策导向。供给型科技政策与市场型产业政策相结合，确定新工业革命技术动力部门与传导部门，产业政策要鼓励底层技术在上层产业中推广和应用，同时也要鼓励下游企业向上游产业延伸。

新工业革命经济政策是针对经济结构特征提出对应的产业政策。①逐步摆脱劳动密集型生产技术路线，实现生产技术与人的全面发展，通过终身学习制度进行新的生产制造知识推广，提高产业工人的整体素质；②激发社会创新力量，通过知识产权保护体现个人知识保障，规范参与制造的贡献度衡量，并提供相应的制度配套；③政府针对大企业的创新扶持重点是架构创新方面的转变，并提升大企业的大型项目管理能力和创新网络协调能力，同时积极鼓励中小企业在核心零部件与软件领域创新，实现各类企业集成，促进制造与服务融合。

2.3.3　中国新工业革命的路径与内容

在新工业革命的全球化浪潮中，中国及时提出《中国制造 2025》战略，成为全球新工业革命的重要推动者、深度参与者、主要践行者，同时在中国深化全面改革中，中国新工业革命也成为国家复兴的关键战略之一。中国新工业革命总体目标为，力争成为世界领先的制造强国，形成智能、绿色、服务的制造业体系，进而促进现代化经济体系的构建。

1. 中国新工业革命路径

中国新工业革命需要把握时代潮流，从国际分工、国家战略、市场需求、产业演化规律等方面执行战略思路，以数字化、网络化、智能化为主线，营造良好经济环境，发挥政府作用，激发企业活力，走具有中国特色的新工业革命道路。

中国新工业革命路径根据相关学者研究，主要包括：以新产品、新服务、新技术、新商业模式为核心的新产品发展路径；通过数字化、网络化、智能化赋能的效率变革路径；推动标准化、精益化与管理优化相结合的质量提升路径；促进不同类型、层级、领域创新系统建设的创新路径；深化地区、国内、国际产业分工的空间优化路径等。随着新工业革命技术的不断革新，中国新工业革命路径会持续增加。

2. 中国新工业革命内容

中国新工业革命内容内涵丰富，以技术创新为核心，突出生产方式变革，以产业发展模式创新和产业组织变革为驱动，围绕智能制造进行系统性创新，促进产业智能化转型与服务化升级，形成具有中国特色的新工业革命范式。

中国新工业革命内容根据相关学者研究，主要包括：以技术创新能力为核心构建创新生态系统，为中国新工业革命建立良好环境；以智能制造为主攻方向推动生产方式变革，为中国新工业革命奠定技术基础；以制造服务化为突破推动制造与服务深度融合，为中国新工业革命提供理论基础；以互联网+为重点创新产业组织生态，为新工业革命提供管理方法等。同时推动中国新工业革命的制度和政策保障，使其与新工业革命发展的需求相适应。

2.4　面向新工业革命的制造与服务融合研究框架

制造业与服务业的界限趋向模糊，产品中包含服务，服务中依托产品，针对制造与服务融合的过程，始于市场竞争与企业利润的驱动，终于制造服务系统的持续改进。在新工业革命新技术的支撑下，制造与服务融合的复杂业务活动智能化成为可能，依靠工业物联网将机器、生产线、规划师、财务人员、操作工等各类资源互联互通，共享基础数据；利用工业大数据分析历史数据，针对各类制造服务活动进行决策；应用工业云在制造与服务融合管理平台上统一调度资源，优化制造服务方案，满足各类制造服务主体的个性化需求。

2.4.1　制造业的服务外延

制造业从最初的手工作坊模式演变而来，任务是将材料制作成产品，通过产业分工与技术革新实现了产品制造的大规模生产模式。经历了三次工业革命后，制造基础动力从蒸汽机发展到电气，制造数据从手工采集发展到信息化，制造技术从自动化发展到数字化。在新工业革命驱动下，各类颠覆性技术层出不穷，如围绕智能制造提供的材料、信息、管理各方面的新技术与新理论，特别是工业 4.0 理念应用于各国制造业，使得各国制造业迎来新的变革，相继制定相应的制造业发展战略，大力促进了制造业的转型升级。

制造业的业务细分逐步渗透了服务要素，这些服务要素是制造业的服务外延，服务外延是制造业发展的必然结果。对于一些辅助性制造业务，制造企业并不擅长，便将其作为服务外包给服务企业来完成，实现双赢，一方面保证了辅助性业务的高质量完成，不影响产品生产过程，另一方面可以专注于核心业务的提升，提高产品质量。随着制造企业规模扩大，涉及的服务要素迅速增加，服务外延持续增长，促进了制造与服务融合。生产性服务的服务外延所带来的价值增值逐渐显现，使得制造企业考虑在服务外延中进行服务创新，围绕产品提供各种服务来实现产品增值，以提高企业效益。

制造业服务外延中，需要考虑服务企业提供服务能力，也要考虑终端用户的服务需求。将生产性服务外包给服务企业，并进行采购管理；将制造服务化进行内部设计，优化产品服务系统。服务外延可以分层分批实现，首先将核心产品的服务要素进行融合，从终端用户角度设计产品服务系统，以模块化方法分层设计；其次将辅助性的服务要素进行融合，从服务企业角度外包生产性服务系统，以重要程度分批设计；最后以新工业革命技术为依托改造适合服务外延的运作平台。

2.4.2　服务业的制造内涵

服务业最初是生活性服务，提供人们衣食住行的产业，在现代企业出现之后，逐步将为企业提供服务的业务独立出来作为生产性服务。生产性服务为企业提供原材料供应，为企业提供人员培训，为企业提供资金借贷等。随着制造企业的发展，生产性服务种类迅速增长，逐步成为服务业的重要组成部分。在商业生态系统的构造中，生产性服务以生态位度量成为产业链上不可或缺的节点，以供应链与价值链为工具来确定生产性服务需求，进而与制造企业合作，分离出专门的服务企业，致力于智能制造的模式创新。

服务业提供的虚拟化服务往往以实体产品为载体，并且对产品性能要求越来越高，服务企业在规划服务中不可避免地考虑制造要素，这些制造要素就是服务业的制造内涵。制造内涵不仅仅限于采购用于服务的产品，更多的是参与产品设计、生产、使用等制造环节，配合制造服务化过程，服务企业与制造企业的融合在制造内涵中相辅相成，为终端用户提供产品服务系统。制造内涵也表现在为制造过程提供的信息化服务，制造要素与服务要素相互映射，实现制造与服务融合。

服务业制造内涵中，既要考虑制造企业的生产能力，也要考虑终端用户的产品需求。将制造服务化的产品生产外包给制造企业，并进行采购管理；将生产性服务进行内部设计，优化产品服务系统。制造内涵可以分层分批实现，首先将核心服务的制造要素进行融合，从终端用户角度设计产品服务系统，以模块化方法分层设计；其次将辅助性的制造要素进行融合，从制造企业角度外包制造服务化系统，以重要程度分批设计；最后以商业生态系统为原则改造适合制造内涵的运作平台。

2.4.3　新工业革命背景下的制造与服务融合理论技术体系

　　制造与服务融合是制造业服务外延和服务业制造内涵的共同结果。制造与服务融合理论还没有统一的界定，一般涉及商业生态系统、供应链优化、价值链分析、产业链整合、复杂网络、网络经济学、博弈与演化等理论；制造与服务融合技术以新工业革命技术为主，主要涉及工业互联网、工业大数据、工业云、工业物联网、工业智能、边缘计算、物理信息系统等技术。将这些理论与技术应用到制造与服务融合过程，形成新工业革命中的制造与服务融合理论技术体系。

　　新工业革命中的制造与服务融合理论技术体系主要包括制造与服务融合大数据环境构建、基于商业生态系统的制造与服务横向价值链融合、基于工业智能的制造与服务纵向产业链融合、制造与服务融合的管理平台模型等。以新工业革命技术与商业生态系统理论构建适合制造服务活动运作的环境与平台，以价值链与产业链刻画制造与服务融合机制，从支撑技术到机理分析，从价值模型到产业结构，本书提出较为完整的制造与服务融合理论与技术体系。

　　新工业革命中的制造与服务融合理论技术体系以服务企业、制造企业、终端用户等制造服务主体的业务活动为目标，以基于商业生态系统的生产性服务与制造服务化为方法，以多学科理论技术为基础，解决了制造与服务融合大数据技术、制造与服务融合价值链理论、制造与服务融合产业链理论等关键问题，为智能制造中制造服务产业的发展奠定基础。新工业革命中的制造与服务融合理论技术体系包括目标层、方法层、理论技术层和基础层，如图 2.1 所示。

　　(1)目标层是确定制造与服务融合的总体目标以及实现目标的平台。针对服务企业、制造企业、终端用户之间的业务往来，寻求产品与服务的最佳组合，将制造与服务相互渗透，为终端用户提供产品服务一体化方案，就是本书的总体目标。同时以新工业革命技术构建实现这一目标的制造与服务融合管理平台。

　　(2)方法层是确定制造与服务融合的主要方法以及采用方法依托的核心理论。针对服务企业、制造企业、终端用户之间的制造服务活动，基于生产性服务研究服务企业与制造企业之间的业务，基于制造服务化研究制造企业与终端用户之间的业务，就是本书的主要方法。同时，以商业生态系统理论建立支持这一方法的制造与服务融合模式。

　　(3)理论技术层是确定制造与服务融合的创新性理论与技术，是本书的主要内容。针对制造与服务融合的目标与方法，在基础理论技术支撑下进行研究，提出制造与服务融合大数据环境构建、基于商业生态系统的制造与服务横向价值链融合、基于工业智能的制造与服务纵向产业链融合、制造与服务融合的管理平台模型等理论与技术。

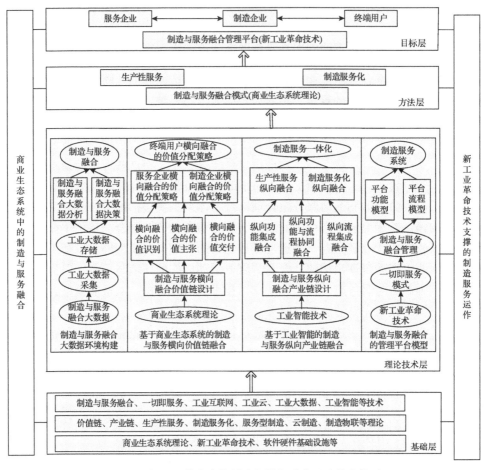

图 2.1　新工业革命中的制造与服务融合理论技术体系

制造与服务融合大数据环境构建技术以制造服务主体在制造与服务融合过程中产生的工业大数据为源头，进行工业大数据采集与存储，进而根据各类价值与产业需求来分析工业大数据的规律与特点，结合具体的业务过程，制定工业大数据的决策模式与算法。

基于商业生态系统的制造与服务横向价值链融合理论以制造服务主体组成商业生态系统为基础，采用模块化方法进行制造与服务融合的价值链设计，通过价值创造与价值分配机制研究，从横向融合角度实现价值识别、价值主张、价值交付等过程，并针对不同制造服务主体制定价值分配策略。

基于工业智能的制造与服务纵向产业链融合理论以工业智能为基础，采用模块化方法进行制造与服务融合的产业链设计，通过产业集成与产业协同机制研究，从纵向融合角度实现产业的功能集成、流程集成，以及功能与流程的协同，并针对生产性服务与制造服务化方法制定纵向融合机理。

制造与服务融合的管理平台模型技术以新工业革命技术为基础，采用一切即服务模式进行制造与服务融合的管理平台建模，通过平台功能与平台流程模型研究，从平台管理角度实现制造与服务融合的过程管理，以产品模块与服务模块组合为制造服务系统来管理具体的制造服务运作。

(4)基础层是确定制造与服务融合的基础性理论以及采用的核心技术。针对制造与服务融合的理论技术创新，提供基础性的现有研究成果，支持本书具体研究，主要包括商业生态系统理论、新工业革命技术、软件硬件基础设施等，涉及制造与服务融合、一切即服务、工业互联网、工业云、工业大数据、工业智能等技术，以及价值链、产业链、生产性服务、制造服务化、服务型制造、云制造、制造物联等理论。

2.5　本　章　小　结

本章的主要工作可概括如下。

(1)综述了商业生态系统理论，包括商业生态系统的组成与特征、商业生态系统的健康性、商业生态系统的竞争与治理等。

(2)综述了新工业革命相关背景，包括新工业革命的内涵与特征、新工业革命的技术经济范式与政策、中国新工业革命的路径与内容等。

(3)在分析制造业的服务外延与服务业的制造内涵基础上，提出了新工业革命中的制造与服务融合理论技术体系。

第3章 基于新工业革命的制造与服务融合大数据环境构建

3.1 引　　言

　　制造与服务融合依赖于信息化技术的发展，新工业革命技术的不断突破给制造与服务融合带来新的机遇，特别是对于大数据的深入应用，使得分布式制造与服务能够以数据来驱动业务，工业大数据将生产数据、服务数据、产品数据等多源异构的大数据集成起来，驱动制造与服务业务，同时促进了制造与服务融合。制造与服务融合需要从数据开始融合，新工业革命技术驱动的制造与服务融合大数据可以通过工业物联网进行采集，利用工业云进行存储，在制造与服务融合管理平台上进行分析与决策，这都需要构建一个可以感知与调度的大数据环境来支持。因此，本章综合应用新工业革命技术来建立制造与服务融合大数据运作环境，对制造服务主体在制造与服务融合过程中的各类大数据进行感知、分析、决策，以此来驱动制造服务活动，在商业生态系统中提供各类业务的大数据支持。

　　本章在制造与服务融合大数据定义的基础上，提出基于新工业革命的制造与服务融合大数据管理模式，从工业大数据角度建立数据感知环境。通过工业物联网采集制造与服务融合大数据，通过工业云存储制造与服务融合大数据；通过对智能工厂、智能生产、智能服务等核心业务的大数据分析，提出基于新工业革命的制造与服务融合大数据智能分析方法；通过对服务企业、制造企业、终端用户等制造服务主体的大数据决策，提出基于商业生态系统的制造与服务融合大数据智能决策方法。

3.2　新工业革命驱动的制造与服务融合大数据感知

　　制造与服务融合首先应该在数据层面，即将制造与服务活动产生的海量数据利用大数据技术进行融合。新工业革命驱动制造与服务融合大数据感知，进而通过分析与决策，来实现制造服务智能化运作。在新工业革命驱动下，利用工业物联网进行制造与服务融合大数据采集，利用工业云进行制造与服务融合大数据存储，而大数据采集和大数据存储称为制造与服务融合大数据感知。在大数据感知的基础上，进行制造与服务融合大数据的智能分析与决策。

3.2.1　制造与服务融合大数据

制造数据是在采用新工业革命技术改造制造业的过程中，产生的机器数据、车间数据、企业数据、员工数据、产品数据、生产数据、质量数据等，这些数据结构复杂、数量巨大、类型多样，是制造与服务融合大数据的重要来源。制造数据围绕制造企业的业务活动形成历史数据，通过大数据分析，可以支持制造企业的各类问题决策。海量制造数据的管理需要引入大数据技术来采集与存储，进而支撑制造活动的智能化。

服务数据是在以商业生态系统整合服务业的过程中，产生的服务事件数据、服务规则数据、服务对象数据、服务员工数据、服务质量数据、服务流程数据、服务功能数据等。这些数据结构复杂、数量巨大、类型多样，也是制造与服务融合大数据的重要来源。服务数据围绕服务企业的业务活动形成历史数据，通过大数据分析，可以支持服务企业的各类问题决策。海量服务数据的管理需要引入大数据技术来采集与存储，进而支撑服务活动的智能化。

制造数据外延到服务领域，服务数据渗透到制造领域，制造数据与服务数据在大数据层面开始统一，相互关联共享，就是制造与服务的大数据融合。大数据融合是指在服务企业、制造企业、终端用户之间围绕产品生产与服务运作形成的海量数据之间重新配置调用的过程。融合中产生的数据统称为制造与服务融合大数据，主要包括生产大数据、产品大数据、服务大数据等，如图 3.1 所示。

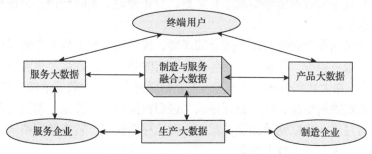

图 3.1　制造与服务融合大数据

(1)生产大数据主要是制造企业加工装配检测产品的相关数据、服务企业提供生产配套的相关数据以及生产服务化数据。生产大数据主要包括机器状态、人员操作、生产进度、原材料、智能工厂的基础设施数据等方面。生产大数据连接服务企业与制造企业的业务活动，如汽车零部件生产线上各个工位机器状态数据、部分人工操作数据、加工工艺与过程进度数据、原材料库存与调度数据、工厂基本数据等。

(2)产品大数据主要是产品全生命周期的各类数据，从产品战略数据、产品研发数据、产品设计数据，到产品工艺数据、产品质量数据、产品服务数据，以及产品销售数据、产品物流数据、产品维修数据等。产品大数据连接制造企业与终端用户的业务活动，如汽车零部件产品型号、零部件产品设计图纸、零部件产品检测结果、零部件产品生产时间、零部件产品加工工艺、零部件产品材料性能、零部件产品服务化数据、零部件产品储存状况、零部件产品服务企业、零部件产品维修情况等。

(3)服务大数据主要是服务全生命周期的各类数据，包括服务需求数据、服务规划数据、服务设计数据、服务计划数据、服务质量数据、服务过程数据，以及服务价值数据、服务实施数据、服务交付数据等。服务大数据连接服务企业与终端用户的业务活动，如汽车零部件企业对接汽车制造企业数据、零部件企业服务规划数据、零部件企业服务蓝图、服务执行者数据、服务时间、服务过程数据、用户服务评价数据等。

3.2.2　基于工业物联网的制造与服务融合大数据采集

制造与服务融合大数据感知主要包括大数据采集和大数据存储。大数据采集是通过工业物联网来实现的，工业物联网利用物联网与传感器技术，将制造与服务融合中的服务企业、制造企业、终端用户资源进行连接，集中获取与处理各类实时数据。工业物联网在制造物联模式下已经具有成熟的技术条件，可以支持制造场景的大数据感知，也可以满足服务场景的大数据感知。在工业物联网环境中，制造与服务融合大数据能够实现多源采集、分布处理、实时传递，进而提升制造业信息化水平。

工业物联网作为制造与服务融合的底层，提供强大的大数据采集环境，提取制造企业、服务企业、终端用户的各类业务实时数据，获取生产过程与服务过程的感知信息。在大数据分析与决策中，工业物联网也提供大数据清洗与转换功能，进行采集数据映射变换，统一数据格式，进而协同管理大数据。制造与服务融合大数据是通过工业物联网感知多源数据，对比存储模式，转换数据格式，优化实时数据结构，来实现大数据采集。

新工业革命中，制造与服务融合大数据是在制造服务主体的边缘进行采集。采用射频识别(radio frequency identification, RFID)标签与读写器提取生产大数据；采用全球定位系统(global positioning system, GPS)与定位服务器提取服务大数据；采用各类传感器与电子看板提取生产大数据；在工业互联网环境下，通过应用程序接口与硬件设备接口获取制造与服务融合大数据。作为大数据分析与决策的重要基础，大数据采集的主要任务是设计好各类传感器，提供面向主题的大数据分析感知方法。基于工业物联网的制造与服务融合大数据采集如图3.2所示。

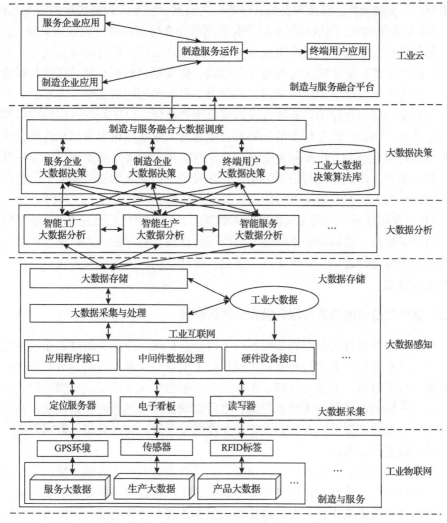

图 3.2　基于工业物联网的制造与服务融合大数据采集

（1）工业云。制造与服务融合大数据感知在云端以平台管理制造服务运作，将制造企业应用的大数据集中分类存储，并在智能生产中调用；将服务企业应用的大数据集成聚类存储，并在智能服务中调用；将终端用户应用的大数据协同关联存储，并在智能工厂中调用。

（2）大数据决策。制造与服务融合大数据感知在决策层采用工业大数据决策算法库支持制造企业、服务企业、终端用户的各类决策。针对每个问题的决策设计变量参数，建立数学模型，设计求解算法，优化解集方案，并将新的决策算法入库。

（3）大数据分析。制造与服务融合大数据感知在分析层以可视化系统管理智能工厂、智能生产、智能服务的各类分析，针对每个主题设计分析方法，可以进行分类分析、关联分析，以及挖掘模式分析。大数据分析是大数据决策的重要基础。

(4)大数据感知。制造与服务融合大数据感知在感知层进行大数据采集。大数据采集是采用传感器技术获取制造服务主体的特定数据，设计感知方式与感知系统，对硬件资源通过 RFID 标签等工具标识、提取原始数据，然后进行数据清洗与转换，将多源复杂数据统一格式，映射为工业云调用的制造服务大数据。大数据采集是使用应用程序接口与硬件设备接口传递数据，以中间件数据处理管理多源复杂数据。例如，汽车行业的分布式企业通过工业物联网以及移动终端，进行汽车零部件服务企业、汽车制造企业、汽车终端用户的实时数据通过各类感知设备在制造服务主体边缘进行数据采集，并在安全保护个人信息的前提下，进行数据处理，作为大数据分析决策的依据。关于大数据存储将在 3.2.3 节详细介绍。

(5)工业物联网。制造与服务融合大数据感知在物联网层通过 RFID 技术管理制造与服务数据，将制造企业的生产资源进行连接，共享生产大数据；将服务企业的服务资源进行连接，共享服务大数据；将终端用户的产品资源进行连接，共享产品大数据。

3.2.3 基于工业云的制造与服务融合大数据存储

制造与服务融合大数据感知的另一个内容是存储，存储是通过工业云来实现的，云计算平台针对各个行业或者区域提供大型存储设施，对制造与服务过程的海量数据分类存储，并进行管理。工业云在云制造模式下已经具有成熟的技术条件，可以支持制造场景的大数据存储，也可以满足服务场景的存储需求。在工业云环境中，制造与服务融合大数据能够实现海量存储、实时共享、数据集成，进而促进制造业升级改造。

工业云作为制造与服务融合的顶层，提供强大的大数据存储环境，管理制造企业、服务企业、终端用户的各类业务，获取生产过程与服务过程的实时数据。在大数据分析与决策中，工业云也提供大数据传递与计算功能，频繁调用存储数据，统一数据存储格式，进而共享规范大数据。制造与服务融合大数据是通过工业云计算存储空间，赋予数据权重，对历史数据优化存储，来实现数据的更新与管理。

新工业革命中制造与服务融合大数据存储在云端，在大数据采集的基础上，进行数据处理。针对产品、服务、生产、顾客等数据设计数据结构与存储方案，采用数据库技术优化大数据存储，在工业云的技术支撑下实现制造与服务融合大数据存储。作为大数据分析与决策的重要基础，大数据存储的主要任务是设计好各类数据的组织结构，提供面向主题的大数据分析存储方法。基于工业云的制造与服务融合大数据存储如图 3.3 所示。

(1)工业云。和基于工业物联网的制造与服务融合大数据采集一样，在云端以

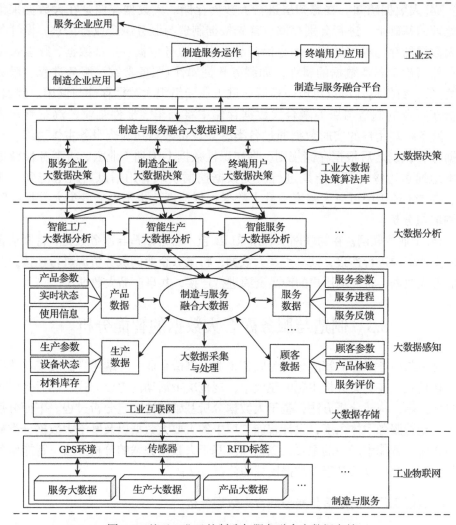

图 3.3　基于工业云的制造与服务融合大数据存储

平台管理制造服务运作，将制造企业应用的大数据集中分类存储，并在智能生产中调用；将服务企业应用的大数据集成聚类存储，并在智能服务中调用；将终端用户应用的大数据协同关联存储，并在智能工厂中调用。

(2)大数据决策。在决策层采用工业大数据决策算法库支持制造企业、服务企业、终端用户的各类决策。针对每个问题的决策设计变量参数，建立数学模型，设计求解算法，优化解集方案，并将新的决策算法入库。

(3)大数据分析。在分析层以可视化系统管理智能工厂、智能生产、智能服务的各类分析，针对每个主题设计分析方法，可以进行分类分析、关联分析，以及挖掘模式分析。

(4)大数据感知。在感知层进行大数据存储。大数据存储是在大数据采集与处理的基础上，进行分别存储。首先根据制造与服务融合业务需求，设计各类大数据的存储组织结构，如存储产品数据、服务数据、生产数据、顾客数据等。然后确定各类数据的属性，如服务数据属性(服务参数、服务进程、服务反馈)等，数据属性可以更改。最后通过工业云组织大数据存储与调用。例如，在汽车行业的制造与服务融合大数据存储中将汽车零部件企业、汽车制造企业、汽车终端用户的实时数据通过各类感知设备采集到制造服务主体边缘，对数据分类识别之后根据存储规则，将知识性数据上传到工业云，将事务性数据在本地通过边缘计算，定期进行历史数据挖掘获取有用信息后再上传到工业云。在 5G 环境中可以大幅度提升大数据处理速度，也不影响各类大数据的随时调取与分析。

(5)工业物联网。在物联网层利用 RFID 技术管理制造与服务数据，将制造企业的生产资源进行连接，共享生产大数据；将服务企业的服务资源进行连接，共享服务大数据；将终端用户的产品资源进行连接，共享产品大数据。

3.3　制造与服务融合大数据的智能分析

制造与服务融合的智能分析为服务企业、制造企业、终端用户的决策支持提供分析模式，在各类分析主题的建模中，规范决策活动的主要方式，然后针对每个具体主题，构建分析方法，基于大数据分析基础理论确定分析过程。下面分别从各类制造服务主体角度，设计智能工厂中的主要大数据以及基于大数据分类的分析方法、智能生产中的主要大数据以及基于大数据关联的分析方法、智能服务中的主要大数据以及基于大数据挖掘的分析方法。

3.3.1　智能工厂中的制造与服务融合大数据分析

制造与服务融合大数据在智能工厂中是以资源聚类与状态监控为主来进行分析的。智能工厂资源众多，需要分门别类之后有差别地进行分析处理；工业物联网连接的工厂数据，需要由不同的传感器采集，设计不同的方案存储，为工厂智能化提供数据聚类。针对智能工厂的运行需求，进行机器、生产线、操作人员等对象的状态监控，进而维护机器、优化生产线、管理操作人员。下面根据智能工厂中的主要大数据定义，来设计基于大数据分类的智能工厂分析。

1. 智能工厂中制造与服务融合大数据

智能工厂布置制造所需的基础设施、原材料、操作人员等资源，通过工业物联网采集数据，提供面向制造过程的数据实时获取与状态实时监控。从车间管理角度来确定智能工厂的大数据分析对象，集中在各类资源数据。智能工厂中制造与服务融合大数据如表3.1所示。

表3.1　智能工厂中制造与服务融合大数据

序号	制造与服务融合数据	数据属性	描述
1	机器设备数据	机器先进性	产品加工机器水平
		机器运行状态	机器设备正常运行指标
		机器设备维修	机器设备异常报警及维修
2	原材料数据	材料等级	产品材料价格
		材料库存	生产材料备料
		材料供应商	采购材料的供应商
3	操作人员数据	任务执行率	员工完成任务的占比
		产品合格率	生产产品的合格数量
		操作时间	员工的工作时间
4	工业物联网数据	连接机器数	接入工业物联网机器数量
		传感器状态	各类机器传感器数据采集
		资源生态位	工业物联网资源生态位权重
5	生产线状态数据	生产线员工	生产线各工位人员
		生产线设备	生产线上加工装配测试设备
		生产线运行	生产线运行参数
6	工厂管理数据	现场管理评估	现场需求与变更管理
		工厂硬件监控	工厂设施运行状态

(1)机器设备数据主要包括机器先进性、机器运行状态、机器设备维修等。机器设备数据是智能工厂监控核心，通过工业物联网连通机器设备，并采集机器设备的实时状态，以此来支持智能工厂的管理。例如，加工汽车零部件企业的机器设备数据中，机器先进性包括普通铣床、数控铣床、加工中心、机械手辅助、工业机器人辅助等；设备运行状态包括空闲状态、运行状态、维修状态、停机状态、超负荷状态等；机器设备维修包括铣床故障原因、故障模式、维修策略、维修时间、维修人员等。

(2)原材料数据主要包括材料等级、材料库存、材料供应商等。原材料数据是智能工厂的核心资源，产品制造所需的原材料需要根据材料清单(bill of material, BOM)来组织库存，并与采购管理结合提供材料供应商信息，同时集成到主生产计划中。例如，加工汽车零部件企业的原材料数据中，材料等级包括最高级、一级、二级、最低级等；材料库存包括入库时间、出库时间、经手人、材料用量、材料余量等；材料供应商包括供应商资质、材料价格、材料质量、供应商信誉、合作关系等。

(3)操作人员数据主要包括任务执行率、产品合格率、操作时间等。操作人员数据是智能工厂的人力资源，车间管理操作人员进行产品加工装配，主要监控操作人员完成生产任务情况以及完成任务的质量。例如，加工汽车零部件企业的操作人员数据中，任务执行率包括接单任务强度、完成任务效率、任务延迟等级、出错率等；产品合格率包括操作人员加工产品合格数量、加工产品次品数量、加工产品质量等级、合格率等；操作时间包括操作人员加工开始时间、加工结束时间、停工时间、加工零部件时间等级、出勤率等。

(4)工业物联网数据主要包括连接机器数、传感器状态、资源生态位等。工业物联网数据是智能工厂的网络资源，将车间机器设备接入工业互联网，实现互联互通、实时状态传递、设施资源共享。例如，加工汽车零部件企业的工业物联网数据中，连接机器数包括企业联网的加工设备数、检测设备数、辅助设备数、工业机器人数等；传感器状态包括企业各类传感器的数据采集能力、数据采集起始时间、传感器运行、传感器故障等；资源生态位包括汽车零部件企业的服务企业资源生态位、制造企业资源生态位、终端用户生态位等。

(5)生产线状态数据主要包括生产线员工、生产线设备、生产线运行等。生产线状态数据是服务企业根据服务实施过程中的实体需求进行配置与定位，可以构建新设施，也可以借用各种设施资源。例如，加工汽车零部件企业的生产线状态数据中，生产线员工包括员工数量、员工学历、员工培训时间、员工考核标准等；生产线设备包括设备先进程度、物流智能化水平、工业机器人使用情况等；生产线运行包括运行监控模式、运行控制系统、运行故障模式、生产线停工规则等。

(6)工厂管理数据主要包括现场管理评估、工厂硬件监控等。工厂管理数据是智能工厂针对生产运行现场各类事件，检测状态与异常报警，及时处理现场异常以保障工厂正常运转，同时监控工厂机器设备资源运行，支持工厂管理。例如，加工汽车零部件企业的工厂管理数据中，现场管理评估包括人员数量、机器检查、材料品质、方法工艺、施工环境等；工厂硬件监控包括企业车间的机器运行监控、员工操作监控、材料库存监控、检测治理中心数据监控、制造成本监控等。

2. 面向智能工厂的制造与服务融合大数据分析

智能工厂中制造与服务融合大数据分析是制造企业大数据决策的基础。采用数字化车间中的机器设备、生产线、操作员工等基础设施，根据工业物联网及传感器感知基础设施的运行数据，进行机器设备状态表征、机器异常状态侦测、设备运行状态预测、机器维护方式选择等大数据分析，进而为制造企业的制造与服务融合大数据决策奠定基础。智能工厂中制造与服务融合大数据分析如图 3.4 所示。

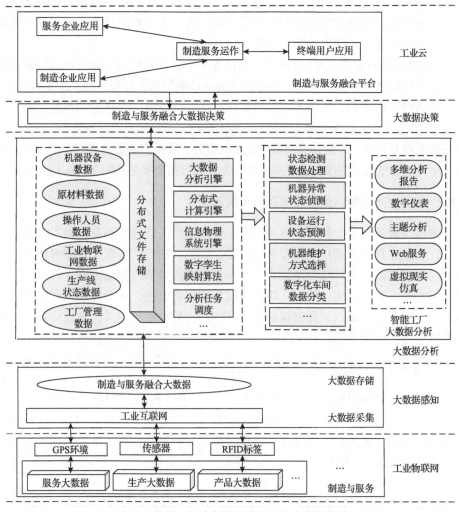

图 3.4　智能工厂中制造与服务融合大数据分析

（1）状态检测数据处理。若要进行智能工厂机器设备运行的故障诊断与维护，需要建立状态检测方案，部署对应的传感器，获取机器设备的实时运行状态。根据故障发生规律设计表征参数，从而实现机器设备状态数据采集、数据融合与数据相关性分析等。

（2）机器异常状态侦测。智能工厂的机器在正常运行中会传递对应的数据信息，而监控机器异常状态是建立机器异常模式以及异常对应的故障诊断方案，使机器出现异常时，启动维护程序，找到故障原因，并按照规范处理异常，使机器恢复正常运行。

(3)设备运行状态预测。智能工厂的设备出现故障时会中断正常生产运行，为了缩短生产停工时间，可以预测设备状态。一方面根据历史数据预测设备状态的时间序列参数，得到设备状态参数的预测值；另一方面判断设备在未来某个时刻能否正常工作或者可能的故障类型等。

(4)机器维护方式选择。智能工厂的机器维护在异常侦测与运行状态预测的基础上，进行机器维护方式选择。结合机器故障诊断结果，分析当前车间备件状态，采用决策树分析模型，提出零部件更换或机器维修措施，以避免机器发生故障。

(5)数字化车间数据分类。智能工厂的大数据分析除了机器设备之外，还有更多的设施监控与管理，一般是针对数字化车间资源，将采集的数据进行分类管理，为智能生产与智能服务提供实时数据。数字化车间数据分类是智能工厂运行的基础。

3.3.2 智能生产中的制造与服务融合大数据分析

制造与服务融合大数据在智能生产中是以生产关联与状态监控为主来进行分析的。智能生产涉及面广，需要管理设计、工艺、加工、装配、检测等环节，以智能工厂提供的车间环境为基础，设计不同数据的采集与存储方案。针对智能生产运行需求，进行加工、装配、检测等过程的状态监控，进而控制生产、优化装配线、管理操作人员。下面根据智能生产中的主要大数据定义，来设计基于大数据关联的智能生产分析。

1. 智能生产中制造与服务融合大数据

智能生产是组织机器设备、操作员工、原材料等资源，根据产品设计与工艺，通过加工、装配、检测将原材料转化成合格产品的过程。结合智能工厂设施获取智能生产数据，从生产管理角度来确定大数据分析对象。智能生产中制造与服务融合大数据如表3.2所示。

表3.2 智能生产中制造与服务融合大数据

序号	制造与服务融合数据	数据属性	描述
1	产品设计数据	材料等级	产品材料价格
		设备先进性	产品加工设备水平
		技术专业性	产品制造技术成熟度
2	产品工艺数据	产品加工工艺	产品各个部件加工工艺
		产品装配工艺	产品装配线流程工艺
		产品工艺优化	加工或装配工艺改善

续表

序号	制造与服务融合数据	数据属性	描述
3	产品加工数据	加工机器参数	加工机器的性能指标
		加工技术条件	加工材料与工艺指标
		加工人员规范	加工操作人员要求
4	产品装配数据	装配设备参数	装配线及其机器性能指标
		装配技术规则	装配线资源调度方法
		装配人员规范	装配线工位操作人员要求
5	产品检测数据	产品质量参数	产品检测的质量指标
		产品检测设备	质量参数的检测装备
		产品合格条件	制定产品合格技术参数
6	生产管理数据	生产现场	现场需求与变更管理
		车间执行系统	生产运行控制

(1) 产品设计数据主要包括材料等级、设备先进性、技术专业性等。产品设计数据是指导产品加工与装配的各类技术条件、质量标准以及图纸文件，它为产品生产确定原材料要求、生产机器、制造技术等方面的主要性能指标。例如，加工汽车零部件企业的产品设计数据中，材料等级包括零部件材料采购标准、供应商渠道、材料质量等级等；设备先进性包括加工设备同比先进程度、加工设备智能化程度、加工设备折旧率等；技术专业性包括零部件同行质量排行、零部件产品智能化水平、零部件产品可替代性等。

(2) 产品工艺数据主要包括产品加工工艺、产品装配工艺、产品工艺优化等。产品工艺数据是智能生产中指定产品加工的具体工艺技术参数，或者指定装配线的具体工艺过程指标，它通过特征识别将设计方案映射为工艺过程。例如，加工汽车零部件企业的产品工艺数据中，产品加工工艺包括零部件加工数字化水平、合理化评估、智能化程度等；产品装配工艺包括零部件装配过程控制、装配协调能力、装配自动化程度等；产品工艺优化包括零部件工艺的可优化性、优化算法、优化效果评价等。

(3) 产品加工数据主要包括加工机器参数、加工技术条件、加工人员规范等。产品加工数据是指机器加工原材料成型的各类指标，在智能生产中通过机器与人员调度完成生产任务，将传统制造提升为智能制造。例如，加工汽车零部件企业的产品加工数据中，加工机器参数包括零部件加工工艺涉及的加工设备先进性、可用性、使用频率等；加工技术条件包括零部件加工技术要求等级、加工模式、加工服务化等；加工人员规范包括零部件加工人员资质、人员培训、人员考核等。

(4)产品装配数据主要包括装配设备参数、装配技术规则、装配人员规范等。产品装配数据是装配线运行的相关技术监控指标，以此来描述装配线上的各类设备操作规范与人员业务流程，进而实现产品的智能装配。例如，加工汽车零部件企业的产品装配数据中，装配设备参数包括零部件装备的自动化水平、装配线等级、装配设备先进性等；装配技术规则包括零部件装配条件、装配步骤、装配操作等级等；装配人员规范包括零部件装配人员资质、人员培训、人员考核等。

(5)产品检测数据主要包括产品质量参数、产品检测设备、产品合格条件等。产品检测数据是制造企业在智能生产中的重要质量指标，通过检测数据对比质量参数标准来完成产品智能质检，支持智能生产过程。例如，加工汽车零部件企业的产品检测数据中，产品质量参数包括零部件质量指标、质量等级、质量标准等；产品检测设备包括零部件测量工具、质量指标测量设备、零部件合格性诊断设备等；产品合格条件包括零部件的性能指标合格条件、零部件包装指标合格条件、零部件出厂条件等。

(6)生产管理数据主要包括生产现场、车间执行系统等。生产管理数据是以生产现场实时数据为基础提取的管控指标，以及车间执行系统运作过程的各类计划与调度参数指标，以此来管理生产过程，实现智能制造。例如，加工汽车零部件企业的生产管理数据中，生产现场包括零部件材料准备、零部件加工工具、零部件加工人员、零部件质量控制、零部件成本核算等；车间执行系统包括生产线数字化水平、生产线智能化等级、装配线自动化能力等。

2. 面向智能生产的制造与服务融合大数据分析

智能生产中制造与服务融合大数据分析是制造企业和终端用户大数据决策的基础。针对生产过程中的产品设计、产品加工、产品装配等生产活动，根据工业物联网及传感器感知生产活动的实时数据，进行产品设计智能优化、产品工艺特征提取、产品加工状态监控、产品装配规则集成、产品质量规律挖掘等大数据分析，进而为制造企业和终端用户的制造与服务融合大数据决策奠定基础。智能生产中制造与服务融合大数据分析如图 3.5 所示。

(1)产品设计智能优化是针对生产资源的约束将设计方案结合产品工艺进行优化设计，为智能生产提供支持。产品设计智能优化将理论设计映射为生产设计，以适应智能工厂中产品的智能生产。

(2)产品工艺特征提取将产品生产工艺数据进行关联分析，在识别生产数据的关键影响因素之后，针对工艺特征数据，采取相关性分析、数据因子分析、主成分分析、独立成分分析等处理方式，将产品工艺数据的原始变量变换到低维的特征空间，获取工艺特征。

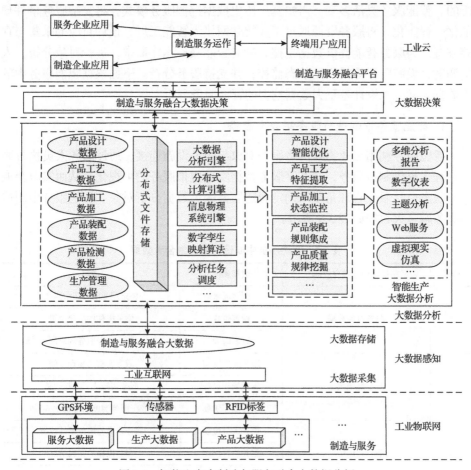

图 3.5　智能生产中制造与服务融合大数据分析

(3)产品加工状态监控是依据产品加工工艺,采集生产线运行状态,针对加工过程的正常状态报备,以及加工过程的异常状态报警。加工状态监控报警异常还需提供实时处理方案,进行故障诊断与维护,确保生产按照计划完成。

(4)产品装配规则集成是将产品零部件组装为产品的约束与流程数据,结合装配线运行状态,制定合理规则的过程。复杂产品装配以模块化方法来集成,可以采用关联分析来集成各类产品装配规则。

(5)产品质量规律挖掘是根据制造误差的性质和表现形式,确定制造误差的影响因素,根据大数据挖掘构建制造误差与产品质量的逻辑关系,进行产品质量信息描述与产品质量预测,实现产品质量数据的关联分析。

3.3.3　智能服务中的制造与服务融合大数据分析

制造与服务融合大数据在智能服务中是以服务操作与状态监控为主来进行分

析的。智能服务灵活多变，需要基于历史数据挖掘服务模式，将复杂服务事件规范化、智能化。将服务资源通过工业物联网接入智能工厂，设计对应的采集与存储方案，为服务智能提供数据挖掘。针对智能服务运作需求，进行对象分析、人员调度、设施配置等操作的状态监控，并支持服务分析。下面根据智能服务中的大数据定义，来设计基于大数据挖掘的智能服务分析。

1. 智能服务中制造与服务融合大数据

智能服务利用工业物联网将服务对象与服务设施连接，通过服务人员执行服务过程来提供制造服务，并基于服务数据实现虚拟服务的可视化，从而实时获取服务状态。从服务管理角度来确定智能服务的大数据分析对象。智能服务中制造与服务融合大数据如表 3.3 所示。

表 3.3 智能服务中制造与服务融合大数据

序号	制造与服务融合数据	数据属性	描述
1	服务对象数据	顾客需求	特定服务对应需求描述
		顾客位置	服务操作的指定位置
		顾客时间	顾客接受服务的时间
2	服务设施数据	服务操作空间	服务实施的物理空间
		服务操作设备	服务实施的工具与装备
		服务操作仿真	服务实施的可视化
3	服务人员数据	服务人员位置	服务人员与服务事件位置
		服务执行进度	服务操作的完成情况
		服务人员计划	服务事件中人员安排
4	服务过程数据	服务开始时间	服务过程的启动时间节点
		服务执行步骤	服务操作的具体过程
		服务终止条件	服务完成的标志事件
5	服务质量数据	服务满意指数	顾客对服务的评价
		服务时间约束	服务实施的时间
		服务补救措施	服务不达标的补救操作
6	服务管理数据	服务现场	现场需求与变更管理
		行业贡献度	行业融合模式适用度

(1)服务对象数据主要包括顾客需求、顾客位置、顾客时间等。服务对象数据是服务企业提供服务对象的顾客数据，通过顾客数据的获取可以更好地设计服务，优化服务操作步骤，合理安排服务时间，实现服务智能化。例如，加工汽车零部

件企业的服务对象数据中，顾客需求包括汽车制造企业的零部件用量、零部件质量要求、零部件价格等；顾客位置包括汽车制造企业的距离企业路程、物流成本估算、物流方案等；顾客时间包括汽车制造企业的零部件使用时间、零部件配送时间、零部件等待时间等。

(2)服务设施数据主要包括服务操作空间、服务操作设备、服务操作仿真等。服务设施数据是服务企业为服务实施提供的工作环境状态数据，以此来监控服务提供的时间与空间约束情况，确保服务操作顺利执行。例如，加工汽车零部件企业的服务设施数据中，服务操作空间包括汽车制造企业的零部件收货检测、零部件配送过程、零部件安装培训等；服务操作设备包括零部件物流设备、零部件安装设备、零部件检测设备等；服务操作仿真包括零部件配送过程监控、零部件检测数据仿真、零部件安装过程仿真等。

(3)服务人员数据主要包括服务人员位置、服务执行进度、服务人员计划等。服务人员数据是指实施服务过程中，实施人员的状态数据，以此来监控服务人员的服务操作是否符合规定，进而规范服务，改善服务体验，提高服务水平。例如，加工汽车零部件企业的服务人员数据中，服务人员位置包括零部件配送人员位置、零部件安装人员位置、零部件检测人员位置等；服务执行进度包括零部件配送进度、零部件交付进度、零部件付款进度等；服务人员计划包括零部件物流人员安排、零部件安装人员安排、零部件培训人员安排等。

(4)服务过程数据主要包括服务开始时间、服务执行步骤、服务终止条件等。服务过程数据是服务企业的核心数据，以此来控制提供服务的时间节点，并及时优化服务资源适应服务过程，是智能服务的基础。例如，加工汽车零部件企业的服务过程数据中，服务开始时间包括汽车制造企业要求零部件到位的最早时间、启动条件、开始约束等；服务执行步骤包括零部件装车、物流、交付等步骤；服务终止条件包括汽车制造企业接收零部件、检测零部件、安装零部件等数据。

(5)服务质量数据主要包括服务满意指数、服务时间约束、服务补救措施等。服务质量数据是服务企业衡量服务效果的重要依据，主要是确定提供服务是否获得顾客满意，以及顾客不满意时的应对措施方案。例如，加工汽车零部件企业的服务质量数据中，服务满意指数包括汽车制造企业满意度、服务价格阈值、服务评价等；服务时间约束包括汽车制造企业对零部件提供的起始时间、结束时间、延期时间等；服务补救措施包括零部件企业服务改进措施、服务补救方案、服务赔偿规则等。

(6)服务管理数据主要包括服务现场、行业贡献度等。服务管理数据是服务企业针对服务运作设计的各类监控指标，反映服务现场的异常报警，并及时处理。服务管理数据也反映服务业务在各个行业中的占比变化情况，表示制造与服务融合程度。例如，加工汽车零部件企业的服务管理数据中，服务现场包括零部件物流现场管理、零部件安装现场管理、零部件交付现场管理等；行业贡献度包括零部件生态位、零部件可替代性、零部件重要度等。

2. 面向智能服务的制造与服务融合大数据分析

智能服务中制造与服务融合大数据分析是服务企业和终端用户大数据决策的基础。针对服务运作中的服务对象、服务过程、服务人员等服务要素，根据工业物联网及传感器感知服务要素的运作数据，进行服务特征自动识别、服务设计数据提取、服务流程知识库管理、服务资源库管理、服务实例库管理等大数据分析，进而为服务企业和终端用户的制造与服务融合大数据决策奠定基础。智能服务中制造与服务融合大数据分析如图 3.6 所示。

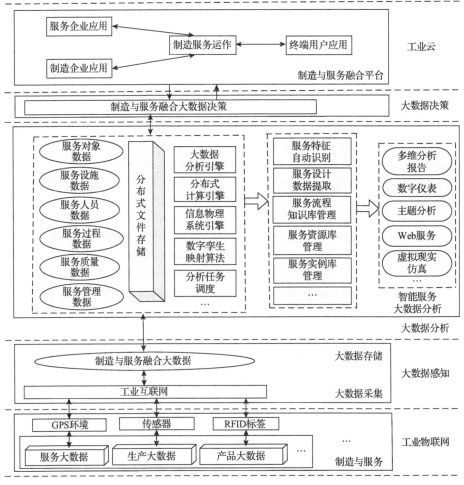

图 3.6 智能服务中制造与服务融合大数据分析

(1)服务特征自动识别是基于大数据挖掘获取服务特征的过程。先是基于层次式属性邻接矩阵描述服务特征，然后基于导向式搜索识别服务特征。可以针对服务对象、服务设施、服务人员等类别设计特征搜索算法，实现服务特征自动识别。

(2)服务设计数据提取是基于服务特征获得设计数据，并将其与特征的关系进行分类与存储。先是创建设计信息模型的数据结构，然后通过直接访问数据解析函数获取服务设计的主要数据，以此来进行设计信息类别判定与服务参数确定。

(3)服务流程知识库管理是将具体服务过程涉及的规则、约定、技术等知识存储在制造服务平台上，为服务人员提供知识支持，也为服务对象提供检索查询。服务流程涉及数据复杂、不规范、信息量大，需要知识库管理来规范。

(4)服务资源库管理以服务 BOM 为组织核心，将服务与产品的工程数据和文档联系起来，并在产品数据管理(product data management, PDM)中增加服务模块，实现制造服务的资源描述。服务资源库管理提供服务资源数据与信息的查看、增加、删除和检索功能。

(5)服务实例库管理是将历史服务实例的相关数据以模块化形式进行分类存储。基于大数据挖掘来分析历史服务实例的优势与劣势，并结合知识库给出优化方案，将最优服务实例进行存储管理，便于同类服务的调用与参考。

3.4　制造与服务融合大数据的智能决策

制造与服务融合的智能决策为服务企业、制造企业、终端用户的业务活动提供知识支持，在各类决策问题的建模中，规范业务活动的主要模式，然后针对每个具体决策问题，构建求解方法，基于大数据决策基础理论建立求解算法。下面分别从服务企业、制造企业、终端用户角度，提出主要的决策问题，并以服务周期预测为例设计服务企业决策过程，以生产系统集成为例设计制造企业决策过程，以交易过程可视化为例设计终端用户决策过程。

3.4.1　面向服务企业的制造与服务融合大数据决策

从服务企业角度来看，制造与服务融合大数据的决策主题集中在服务管理的各个对象活动，从制造企业的需求中开发新服务，从终端用户的需求中制定服务化战略下的服务创新内容，进而确定服务的虚实结合策略、功能与流程设计、服务化内容等。服务企业大数据决策在为制造企业提供生产性服务的同时，为终端用户提供产品服务系统。下面基于服务管理中的问题来设计服务企业大数据决策主题，并以服务企业的服务周期预测为例设计决策过程。

1. 服务企业大数据决策

服务企业依赖制造企业产品进行服务设计，将服务运作渗透到制造企业，灵活多变的业务创新是大数据决策的基本主题。以服务管理来确定服务企业的大数据决策问题，聚焦在服务设计过程。服务企业大数据决策如表 3.4 所示。

表 3.4　服务企业大数据决策

序号	服务企业决策	决策指标	描述
1	服务战略决策	竞争力成本	总成本领先、差异化、集中战略
		战略分析	优势、劣势、机会、威胁
2	新服务开发决策	服务增长来源	信息技术、工业互联网、人口因素
		服务创新	新工业革命、商业生态系统、应用新技术
		服务系统设计	生产线方法、顾客参与、顾客接触方式
3	服务接触决策	服务组织	服务文化、服务授权、控制系统、顾客关系管理
		服务员工	员工挑选、员工培训、服务道德氛围
		顾客情况	顾客预期、顾客态度、脚本作用
4	服务流程决策	服务蓝图	服务过程、时间序列
		流程分类	差异程度、服务流程对象、顾客接触类型
		流程分析	流程图、甘特图、优先权重
5	服务设施决策	设施布局	工作分配、服务设施位置、可调整性
		服务场景	服务行为、服务环境
		设施设计	设施空间需要、灵活性、安全性
6	服务质量决策	服务质量度量	服务值
		实现服务质量	质量成本、无条件服务保证、质量开发
		服务补救	补救方法、投诉处理原则、补救成本
7	服务供应决策	供应关系	顾客供应商二重性、关系网络
		服务关系管理	双向最优化、服务能力管理、易逝性管理

(1)服务战略决策主要包括服务企业定位、服务对象选择、服务竞争能力、服务人员水平、服务资金情况等。服务战略决策是服务企业围绕核心业务进行战略分析，确定优势与劣势，寻求产业链上的生态位，确保企业业务的可持续性。

(2)新服务开发决策主要包括服务创新管理、服务流程改造、顾客接触确定、服务系统设计、新服务优势分析等。新服务开发决策是服务企业根据制造企业或终端用户需求变化而研制的新服务，新服务可以是流程再造，也可以是制造服务化设计等。

(3)服务接触决策主要包括自助服务设计、服务组织管理、服务员工培训、顾客反馈管理、服务利润链管理等。服务接触决策是指实施服务过程中，虚实结合地提供服务，设计与顾客无接触服务，接触服务的员工规范化等决策问题。

(4)服务流程决策主要包括服务场景刻画、服务设施设计、服务流程设计、设施布局管理、服务流程模块等。服务流程决策是服务企业的核心业务，在将服务模块组合为服务系统的过程中，确定每个步骤的时间、空间、事件等决策问题。

(5)服务设施决策主要包括地理信息系统、设施位置建模、设施定位技术、服务设施规划、服务设施建造等。服务设施决策是服务企业根据服务实施过程中的实体需求进行配置与定位，可以构建新设施，也可以借用各种设施资源。

(6)服务质量决策主要包括服务质量度量、改善服务质量、服务质量成本、服务补救管理、服务质量评价等。服务质量决策是服务企业提供服务过程中，制造企业或终端用户对服务的满意程度以及服务体验的持续提升方法。

(7)服务供应决策主要包括服务供应链模型、服务供应关系、双向最优化、服务能力管理、服务外包等。服务供应决策在制造与服务融合中可以为制造企业提供生产性服务，也可以为终端用户提供制造服务化。

2. 服务企业的服务周期预测

服务企业的服务周期预测是将服务活动的时间安排根据历史数据进行建模，并以算法优化确定服务各个节点的时间序列，从而保证服务业务的顺利实施。服务周期预测将服务业务规范化、标准化，这是服务企业大数据决策的关键内容之一。服务周期的不确定性是决策的难点，需要以人工智能为基础，混合采用仿真、统计、分析、神经网络等方法来实现。服务企业的服务周期预测如图 3.7 所示。

(1)服务企业的服务周期大数据通过工业物联网连接，通过大数据采集与存储实现大数据感知，并提供制造与服务融合的大数据分析。

(2)服务周期组建备选特征集。根据服务过程大数据，统计服务周期的变量，支持服务过程的准时进行。基于服务周期变量组建备选特征集。

(3)服务周期的数据预处理。利用数据提取、数据转换、数据加载等技术从服务过程中获取数据，每条数据包含指定的备选特征。

(4)服务周期基于条件互信息的特征选择。分析交易过程数据特征，提出需要可视化与监控的主题，设计三维场景、操作逻辑、数据接入交互等，建立交易过程分析模型，利用条件互信息度量备选特征集与周期之间的关系，选择强相关特征，除去冗余特征。

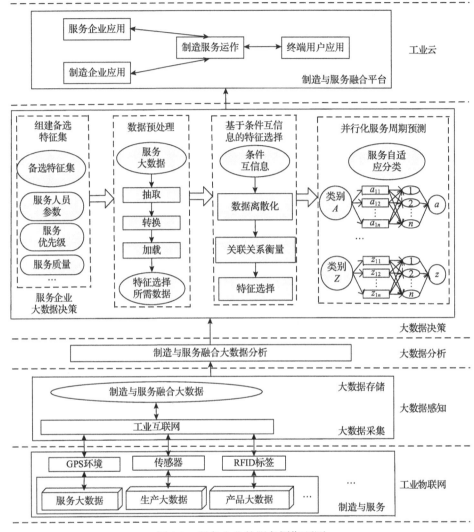

图 3.7　服务企业的服务周期预测

(5)并行化服务周期预测。基于模糊聚类算法对服务类型进行聚类,实现服务自适应分类。针对不同的服务,基于神经网络模型构建并行的多个神经网络,建立不同服务的周期预测模型。

3.4.2　面向制造企业的制造与服务融合大数据决策

从制造企业角度来看,制造与服务融合大数据的决策主题集中在企业各类资源的调度,是制造与服务融合的核心部分,将产品与服务相互融合,提供产品服务系统来满足终端用户的个性化需求。立足产品加工装配过程,组织原材料、操作员、新工艺、服务化等资源,实现制造企业服务化。下面基于生产管理中的问题来设计制造企业大数据决策主题，并以制造企业的生产系统集成为例设计决策过程。

1. 制造企业大数据决策

制造企业大数据决策主要是调度各类资源完成产品生产过程，从原材料采购到生产计划、加工装配、物流服务等都是大数据决策的基本主题。通过生产管理来确定制造企业的大数据决策问题，聚焦在产品生产过程。制造企业大数据决策如表 3.5 所示。

表 3.5　制造企业大数据决策

序号	制造企业决策	决策指标	描述
1	供应资源决策	物能资源	原材料、能源等
		信息资源	供应商相关信息、市场信息
2	计划资源决策	物能资源	分项计划软件、全局计划软件
		信息资源	供应品周期、设计信息及周期、生产信息及周期、采购需求
		人力资源	计划管理人才
3	采购资源决策	物能资源	供应商管理系统、采购软件资源
		信息资源	市场信息、采购管理信息、原材料质量信息
		人力资源	采购管理人才、市场人才
4	生产资源决策	物能资源	网络设施、生产设备、生产管理相关软件
		信息资源	生产技术信息、生产管理信息、生产工艺信息、生产质量信息
		人力资源	生产管理人才、生产技术人才
5	物流资源决策	物能资源	配送软件系统、配送相关硬件
		信息资源	市场分布信息、配送相关信息
		人力资源	配送管理人才
6	服务资源决策	物能资源	服务软件系统
		信息资源	市场维护信息、维修售后技术、产品质量记录及反馈
		人力资源	服务管理人才、售后技术人才、市场人才
7	用户资源决策	信息资源	市场信息与用户信息
		知识资源	产品知识与服务知识

(1)供应资源决策主要包括原材料选择、生产辅助资源规划、配套零部件计划、能源管理、工艺资源匹配等。供应资源决策需要围绕核心产品的上游业务提出技术需求，根据制造企业大数据来确定产品制造所需要的各类资源。

(2)计划资源决策主要包括产品市场需求、产品研发周期、产品加工方式、产品工艺设计、产品装配计划等。计划资源决策是针对制造企业生产产品过程中涉及的各个步骤做出规划以及初步方案,进而优化方案,直到确定最终的企业资源计划。

(3)采购资源决策主要包括原材料供应商管理、生产辅助资源采购、配套零部件采购、外包服务采购、辅助技术咨询等。采购资源决策是确定制造企业生产过程中需要的各类资源采购数量以及供应商选择,一般建立配套的服务企业。

(4)生产资源决策主要包括产品设计技术、生产工艺实施、产品装配规则、生产库存管理、产品质量检测等。生产资源决策是制造企业的核心业务,在原材料转换成产品的过程中,给出每个步骤的决策问题。

(5)物流资源决策主要包括产品配送方式选择、企业物流路径优化、配送体系构建、物流资源优选、产品配送时间优化等。物流资源决策是产品从制造企业到终端用户的运输过程,可以是制造企业配送,也可以是物流公司配送。

(6)服务资源决策主要包括顾客服务设计、产品售后维修、产品质量改进、服务化改造、产品服务系统等。服务资源决策是制造企业提供给终端用户的产品相关增值服务,是制造企业服务化的创新源泉。

(7)用户资源决策主要包括客户关系管理、制造企业服务化、终端用户智能化、智能订单管理、产品运维等。用户资源决策在制造与服务融合中越来越重要,从简单的顾客需求调查到顾客参与定制,改善顾客体验等,最终实现产品服务一体化。

2. 制造企业的生产系统集成

制造企业的生产系统集成是实时感知生产过程中的资源活动状态数据,建立生产状态模型,并集成生产状态来候选生产任务的调度与优化。集成生产系统是智能制造的基础,也为制造与服务融合提供支持,是制造企业大数据决策的关键内容之一。生产系统资源繁多,通常以模块化技术来集成,需要对各类生产资源进行规范化封装后统一处理。制造企业的生产系统集成如图3.8所示。

(1)制造企业的生产系统大数据通过工业物联网连接,通过大数据采集与存储实现大数据感知,并提供制造与服务融合的大数据分析。

(2)生产系统的生产资源库。针对生产系统大数据,设计模块化资源,便于生产系统集成与管理。生产资源集合主要有操作人员参数、任务优先级、机器参数等。

(3)生产系统的生产状态数据集成。根据机器大数据确定生产状态,包括实时位置、运行时间、性能指标等,将生产状态数据以实时数据模型来集成。

(4)生产系统的生产状态集成。基于任务大数据组织数据集成,基于生产模型

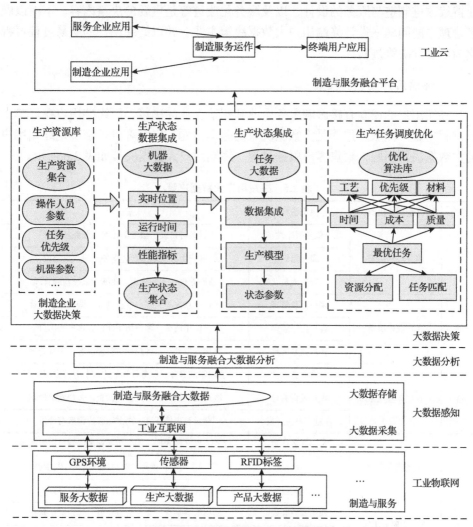

图 3.8 制造企业的生产系统集成

与状态参数集成生产状态,并提供候选生产任务集。

(5)生产系统的生产任务调度优化。基于层次分析法建立生产任务调度,从工艺、优先级、材料、时间、成本、质量等目标优化资源分配与任务匹配,在优化算法库中选取优化算法,确定最优任务。

3.4.3 面向终端用户的制造与服务融合大数据决策

从终端用户角度来看,制造与服务融合大数据的决策主题可以结合服务企业与制造企业来设计,一般是围绕产品与服务在交易使用过程中涉及的各类具体问题。终端用户在制造服务平台上提交使用产品或服务的体验与评价,促使制造企业持续改进制造与服务的设计，以及服务化改进等是重要的决策内容。下面以顾客管理中的问题来设计终端用户大数据决策主题，并以终端用户的交易过程可视化为例设计决策过程。

1. 终端用户大数据决策

终端用户的体验直接影响服务企业和制造企业的决策，而终端用户在订单生成过程中，产品服务选择是大数据决策的基本主题。以顾客管理来确定终端用户的大数据决策问题，聚焦客户服务过程。终端用户大数据决策如表3.6所示。

表 3.6　终端用户大数据决策

序号	终端用户决策	决策指标	描述
1	服务规划决策	服务战略性	服务可持续、服务新技术、服务新理念
		服务组织	客户服务组织结构、服务组织人员定位
		服务人员	招聘管理、入职培训、业绩考核、薪酬管理
2	客户获取决策	客户信息管理	客户信息收集、客户信息调查、调查问卷设计
		客户信用管理	客户信用调查、客户信用评估、客户资信分级
		客户关系管理	客户开发管理、客户拜访管理、客户接待管理
3	客户体验决策	售后服务管理	客户跟踪服务、服务计划制定、服务方案制定等
		客户投诉管理	客户投诉接待、客户投诉调查、客户索赔处理
		存量客户再开发	存量客户信任度、高潜能客户筛选与开发
4	质量提升决策	客户服务质量	服务质量文件管理、服务质量标准编制、质量改进
		客户满意度	客户流失分析处理、客户满意度调查与提升
		客户忠诚度	客户忠诚度调查与提升、客户提案管理
5	个性化服务决策	网络客户获取	网络服务平台、客户流量获取、客户流量转化
		个性化服务管理	网络客户个性化服务设计、网络客户维护
6	客户互动决策	呼叫中心运营	呼叫中心运营规划、呼叫中心规划管理
		客户互动管理	呼入业务、呼出业务、投诉应答业务、质量监控
7	大客户关系决策	大客户开发管理	大客户服务管理、大客户开发
		大客户回访	大客户回访管理
		大客户关系维护	大客户满意度调查、大客户关系维护方案

(1)服务规划决策主要包括客户服务战略管理、客户服务项目开发、客户服务进度控制、客户服务组织结构设计、客户服务人员管理等。服务规划决策是从终端用户角度来确定服务的战略方向、规划服务业务核心功能与流程，进而设计组

织与人员。

(2)客户获取决策主要包括客户信息收集、客户信息调查、客户资信分级、客户信用调查、客户关系管理等。客户获取决策是在收集客户信息的基础上，利用数字化手段，进行客户信用管理与客户关系管理。

(3)客户体验决策主要包括售后配送服务、售后安装服务、售后维修服务、客户投诉管理、存量客户再开发管理等。客户体验决策是产品出售后客户体验过程中提供的各类服务，以提高顾客满意度与顾客忠诚度。

(4)质量提升决策主要包括客户服务质量检查、客户服务质量评估、客户服务现场指导、客户满意度提升、客户忠诚度提升等。质量提升决策维系企业与终端用户的核心任务，也是制造与服务融合的源泉。

(5)个性化服务决策主要包括网络客户获取管理、客户流量获取、个性化服务流程设计、个性化服务技术革新、网络客户维护等。个性化服务决策是服务创新的重要内容之一，在定制技术出现后，个性化服务决策成为现实。

(6)客户互动决策主要包括呼叫中心运营管理、客户中心规划管理、呼入业务流程、呼出业务流程、质量监控业务等。客户互动决策是终端用户实时提交产品与服务使用反馈，服务企业与制造企业持续改进服务与产品的中介。

(7)大客户关系决策主要包括大客户服务管理、大客户开发、大客户回访、大客户关系维护、大客户满意度管理等。大客户关系决策在制造与服务融合中越来越重要，大客户业务中的服务模块占比不断增加，企业服务化的动力不断增强。

2. 终端用户的交易过程可视化

终端用户的交易过程可视化是将服务或产品在商业生态系统中交易的过程，通过大数据决策实现平台上的可视化与监控。可视化将交易过程进度及时提供给终端用户，改善购物体验，保障交易双方权益，这是终端用户大数据决策的关键内容之一。交易过程一般在制造服务主体附近完成，为了提高实时可视化，可以通过边缘计算来实现边缘化决策。终端用户的交易过程可视化如图3.9所示。

(1)终端用户的交易过程大数据通过工业物联网连接，以大数据采集与存储实现大数据感知，并提供制造与服务融合的大数据分析。

(2)交易过程数据采集与融合。针对交易过程大数据，设计边缘节点布置，支持决策过程在制造服务主体边缘进行；基于智能传感器实时采集交易过程的各类数据，对这些海量的非结构化、多尺度、时序数据进行多源数据集成，并在云端组织连接共享。

(3)交易过程数据建模与存储。根据交易过程进行资源建模、流程建模、整体建模，生成交易过程模型，并将其存入模型库。

(4)交易过程面向主题的数据分析。分析交易过程的数据特征，提出需要可视

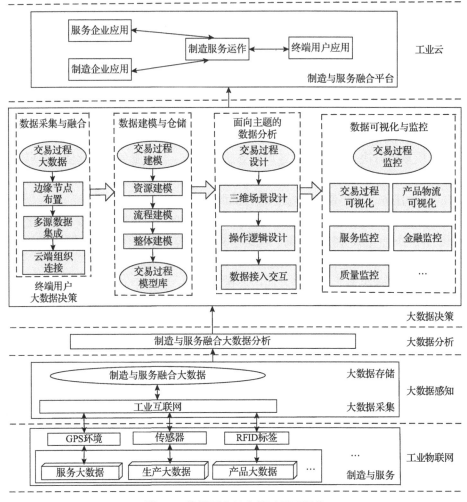

图 3.9　终端用户的交易过程可视化

化与监控的主题，进行三维场景设计、操作逻辑设计、数据接入交互等，建立交易过程分析模型。

(5)交易过程数据可视化与监控。基于交易过程的复杂网络模型，以流程为主线，实现监控，并在虚拟环境下，设计信息模型中的多媒介数据可视化接口，基于通用信息模型，设计各类数据可视化界面展开方案。

3.5　本章小结

本章的主要工作可概括如下。

(1)在制造与服务融合大数据定义的基础上，以工业物联网采集制造与服务融合大数据，以工业云存储制造与服务融合大数据，从工业大数据角度建立数据感知环境。

(2)研究了智能工厂、智能生产、智能服务等核心业务的大数据分析，并提出了基于新工业革命的制造与服务融合大数据智能分析方法。

(3)通过对服务企业、制造企业、终端用户等制造服务主体的大数据决策，提出了基于商业生态系统的制造与服务融合大数据智能决策方法。

第4章 基于商业生态系统的制造与服务横向价值链融合

4.1 引　　言

价值链连接服务企业、制造企业、终端用户的价值需求，在商业生态系统中，以生态位确定企业价值权重，使得各类制造服务主体创造价值，实现制造与服务横向价值链融合。同时采用模块化方法划分价值模块，应用价值理论支持价值模块的分配，在各类制造与服务融合价值的创造过程中，实现制造服务价值分配。商业生态系统提供制造服务主体价值交换媒介，以价值链支撑服务企业、制造企业、终端用户的价值创造，满足各自的价值主张，在外界竞争条件下，实现系统内部价值最大化，以此为基础，进行制造服务主体之间的价值分配。服务企业以服务规划与实施参与价值分配，形成服务价值；制造企业以产品设计与制造参与价值分配，形成产品价值；终端用户以订单选择与支付参与价值分配，形成顾客价值。在各类制造服务主体博弈合作中，实现了制造与服务横向价值链融合。

本章针对制造与服务融合价值链，提出一种基于商业生态系统的制造与服务横向价值链融合方法。该方法首先采用企业价值理论分析制造与服务横向融合内涵，将制造与服务融合需求映射到制造与服务融合价值，基于商业生态系统建立制造与服务横向融合价值链模型；然后从横向融合角度研究创造价值机理，提出制造与服务融合的价值识别、价值主张、价值交付等规则；最后从横向融合角度研究分配价值策略，提出面向服务企业、制造企业、终端用户等制造服务主体的制造与服务横向融合价值分配策略。

4.2　商业生态系统视角的制造与服务横向融合价值链模型

制造与服务融合在于创造制造服务价值，在新工业革命技术与商业生态系统理论背景下，制造业与服务业相互融合，创造的产品价值与服务价值等统称为制造服务价值。从价值链的角度来分析制造与服务的融合，就是围绕制造服务主体来创造服务价值与产品价值，并在制造服务主体之间分配制造服务价值，可以称之为横向融合。在生产性服务与制造服务化逐步成熟的基础上，创新制造服务价值新模式，应用商业生态系统实现价值链上制造与服务的横向融合。

4.2.1　制造与服务的横向融合

制造业务是商业生态系统中与产品生产相关的活动，从产品需求分析、原材料采购、企业资源管理，到产品加工、产品销售、产品维修服务等，每一类活动都以价值来度量，这些价值作为商业生态系统的节点，表征产品价值活动。制造企业以制造业务来创造价值，在价值链上制造业务的价值处于低端，需要通过服务化来提高价值，同时改善制造业务的技术水平，以制造新模式对制造企业进行升级改造。

服务业务是商业生态系统中实施与服务相关的活动，从服务需求分析、服务功能设计、企业服务模式，到服务开发、服务提供、服务管理等，每一类活动都以价值来度量，这些价值作为商业生态系统的节点，表征服务价值活动。服务企业通过服务业务来创造价值，在价值链上服务业务的价值处于高端，需要通过产品化来持续发展，同时改善服务业务的智能水平，采用服务新模式对服务企业进行升级改造。

制造业务外延到服务领域，服务业务渗透到制造领域，制造与服务融合在价值链上形成横向关联，相互协作，就是制造与服务的横向融合。横向融合是指在服务企业、制造企业、终端用户之间围绕产品服务价值活动进行生产性服务产品服务化、服务产品化等业务，创造产品价值与服务价值，分配制造服务价值，实现制造服务主体的合作共赢。制造与服务横向融合如图 4.1 所示。

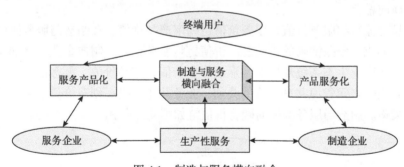

图 4.1　制造与服务横向融合

（1）生产性服务主要是服务企业为制造企业提供的服务，可以是虚拟的服务，也可以是配套的产品。生产性服务种类繁多，遍及制造企业涉及的所有与产品生产相关的业务，如产品战略规划服务、产品材料供应服务、设计知识服务、市场数据服务、产品技术服务、分销决策服务、产品库存服务等。生产性服务为产品服务化与服务产品化提供资源。

（2）产品服务化主要是在价值链上通过增加服务价值业务使产品增值，或者只提供产品的功能来获取价值。制造企业改进产品供应模式，可以提供给终端用户产品服务系统，将一些产品附属的服务功能融合在产品中，提高价值链上低端业务的价值。产品服务化既改善了终端用户的顾客价值，也增加了制造企业的产品价值。

（3）服务产品化主要是在价值链上通过扩大产品价值业务使服务可持续，仅考虑生产性服务，制造企业需要的服务很大一部分是产品化的，只通过虚拟服务已经不能满足制造企业的需求。服务企业为了使服务业务可持续，必须将部分服务业务产品化，这样既提高了制造企业的产品价值，也获得了可持续的服务价值。

4.2.2　制造与服务的横向融合价值链

制造企业以产品价值为目标，逐步改善企业在价值链上的生态位，以价值创造活动的竞争分析，增加高附加值的产品生产，提供产品服务系统，将低价值的生产业务外延到高价值的服务业务。以商业生态系统优化产品价值创造过程，在价值链的约束下，增加高价值业务活动，减少低价值业务活动，以产品服务系统逐步替代产品，从服务业务中分配到更多价值，并实现制造与服务的横向融合。

服务企业以服务价值为目标，持续保持企业在价值链上的生态位，通过价值分配活动的博弈分析，增加高附加值的服务实施，提供产品服务系统，将低价值的生产业务融入高价值的服务业务。以商业生态系统优化服务价值创造过程，在价值链约束下，增加可持续产品业务活动，减少不可持续的服务业务活动，用产品服务系统逐步替代服务，在与产品业务合作中形成可持续价值，并实现制造与服务的横向融合。

产品价值影响服务价值，服务价值也约束产品价值，在制造与服务横向融合的同时，形成一条条清晰的价值链。价值链将服务企业、制造企业、终端用户连接起来，在商业生态系统环境中，形成服务价值、产品价值、顾客价值等，使得制造服务主体之间资源共享、价值共创、业务共作，提高创造价值水平，优化分配价值策略。制造与服务的横向融合价值链如图 4.2 所示。

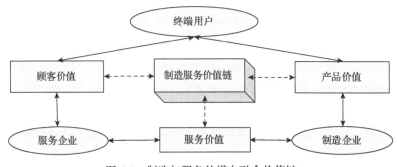

图 4.2　制造与服务的横向融合价值链

（1）服务价值是服务企业的价值主张，即通过价值链上各类服务业务活动创造的价值。服务价值一般具有商业生态系统的高端生态位，使产品增值，如融资服务价值、人力管理价值、材料管理价值、技术咨询价值、知识服务价值、营销服务价值、配送服务价值等。以新工业革命技术支撑各类服务价值活动的智能化，为智能服务奠定基础。

(2)产品价值是制造企业的价值主张，即通过价值链上各类产品业务活动创造的价值。产品价值一般具有商业生态系统的低端生态位，使服务可持续，如设计价值、采购价值、加工价值、装配价值、质检价值、销售价值、维修价值等。以新工业革命技术支撑各类产品价值活动的智能化，为智能制造奠定基础。

(3)顾客价值是终端用户的价值主张，即通过价值链上各类订单业务活动创造的价值。顾客价值一般具有商业生态系统的中端生态位，使制造与服务融合，如体验价值、交易价值、金融价值、投资价值、使用价值、租用价值、定制价值等。以新工业革命技术支撑各类顾客价值活动的智能化，为智能商务奠定基础。

4.2.3　制造与服务的横向融合价值链设计

产品价值以价值创造为契机，以各种新制造模式为动力，成为价值链上的重要组成部分。进行制造与服务的横向融合价值链设计，首先要设计产品价值活动，如产品原材料采购、产品功能设计、产品工艺设计、产品加工、产品装配、产品销售、产品服务化等。设计产品价值活动是制造企业的关键任务。在新工业革命支持下，价值链设计的产品价值活动部分以产品生产为核心，与服务价值活动交互，协同价值链。

服务价值也是价值链上的重要组成部分，只考虑服务对象为制造企业的生产性服务。进行制造与服务的横向融合价值链设计，也要设计服务价值活动，如服务需求分析、服务时间规划、服务人员安排、服务提供步骤、服务交付过程、服务质量评价等。设计服务价值活动是服务企业的关键任务。在商业生态系统中，价值链设计的服务价值活动部分以服务提供为核心，与产品价值活动交互，协同价值链。

在新工业革命支持下，制造与服务融合价值链设计更加智能化，以产品服务系统为目标，组织各类产品业务与服务业务，设计相互关联的产品服务化、服务产品化、生产性服务等活动，创造产品价值、服务价值、顾客价值，统称其为制造服务价值，并分配制造服务主体之间的制造服务价值，实现制造与服务融合价值链的优化。商业生态系统中的制造与服务横向融合价值链模型如图4.3所示。

(1)在核心生态系统层，服务企业、制造企业、终端用户之间运作生产性服务与制造服务化，统称为制造服务运作，以商业生态系统管理制造服务运作的价值链，保障服务企业为制造企业提供的生产性服务活动创造价值，确保制造企业为终端用户提供的制造服务化价值增值。

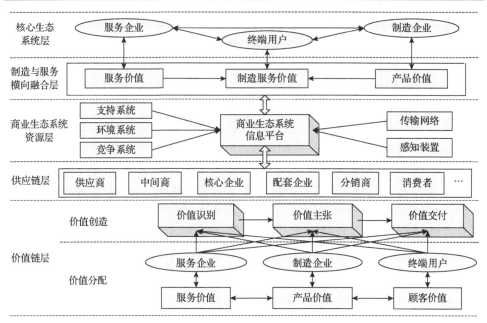

图 4.3　商业生态系统中的制造与服务横向融合价值链模型

(2)在制造与服务横向融合层将服务企业的服务价值与制造企业的产品价值融合为制造服务价值,在智能制造服务平台上管理制造服务价值,实现制造服务价值的创造与分配,完成产品价值与服务价值的融合。

(3)在商业生态系统资源层,将感知装置连接到制造服务主体,通过传输网络共享制造服务资源,构建商业生态系统信息平台。在平台上通过支持系统实现制造服务价值创造,通过环境系统管理制造服务主体生态位,制造服务业务之间的竞争要靠竞争系统来支持。

(4)在供应链层,供应链与价值链相互约束,在价值链前端,供应商与中间商为核心企业提供原材料,配套企业为核心企业提供零部件;在价值链后端,产品或服务通过分销商出售给消费者。前端围绕原材料逐层采购,后端围绕产品销售。

(5)价值链层是横向融合的核心层,主要实现价值创造与价值分配。首先将制造服务主体的价值创造分为价值识别、价值主张、价值交付等三个阶段,实现各个制造服务主体的价值,然后根据商业生态系统的生态位,确定服务价值、产品价值、顾客价值的分配。制造服务主体形成的服务价值、产品价值、顾客价值作为价值链的重要组成部分。

4.3　制造与服务横向融合的价值创造机理

制造与服务横向融合在价值链维度实现价值创造与价值分配,其中价值创造是服务企业、制造企业、终端用户在价值链活动中围绕产品与服务的生产、实施、使用而实现的各类价值。价值创造主要包括价值识别、价值主张、价值交付等过程，价值识别确定制造服务主体的价值需求，价值主张确定制造服务主体的价值内涵，价值交付确定制造服务主体的价值获得。制造与服务横向融合的价值创造机理就是针对价值识别、价值主张、价值交付的建模与求解。

4.3.1　制造与服务横向融合的价值识别

制造与服务横向融合的价值识别是在产品与服务运作中发现顾客需求对应的产品或服务属性集合的过程。顾客需求表述一般是模糊语言，需要通过相似度聚类为不同的集合，然后以不同类型需求分析，确定价值属性集合。价值识别首先要根据服务需求的特点确定顾客价值需求层次，制定制造与服务融合的价值规格表；然后进行价值需求细分，来获取价值需求的目标、结果、属性。

1. 价值链上制造与服务横向融合的价值规格表

从价值链角度分析制造与服务横向融合，服务企业、制造企业、终端用户之间的制造服务价值活动相互影响，采用基于服务评价模型的价值识别方法，确定制造服务价值的主要类型及其属性。制造与服务横向融合的价值规格表如表 4.1 所示。

表 4.1　制造与服务横向融合的价值规格表

序号	制造服务价值	价值属性	描述
1	产品价值	材料等级	产品材料价格
		设备先进性	产品加工设备水平
		技术专业性	产品制造技术成熟度
2	服务价值	主动性服务	服务全生命周期实时监控
		预防性服务	服务商业生态系统状态评估
		支持性服务	产品配套服务
3	时域价值	响应速度	需求响应速度或时间
		供货速度	产品供应速度或时间
		服务速度	服务提供速度或时间
4	频域价值	产品数量	制造服务系统的产品数
		服务次数	制造与服务融合过程中服务频率
		服务多样性	服务响应方式与接触方式

序号	制造服务价值	价值属性	描述
5	信用价值	服务人力	现场派驻人力可靠度
		服务知识	专业知识可信度
		服务补救	服务担保与索赔
6	经济价值	客户正面感知	为客户带来的价值
		客户负面感知	客户付出的成本
7	社会价值	服务交付	服务实施方式与服务接触等
		服务表现	服务现场与可持续性需求

(1)产品价值是产品要素在制造服务系统中的重要体现,产品价值是制造与服务横向融合的基础属性,包括材料等级、设备先进性、技术专业性等,用来确定产品的层次与价格。产品价值与服务价值相互影响,共同提升,表征制造与服务融合的价值。

(2)服务价值是服务要素在制造服务系统中的重要体现,服务价值权重越大,表明制造与服务横向融合得越深入。一般从主动性服务、预防性服务、支持性服务等方面来确定制造服务价值。服务价值差异较大、特色明显、创新性强。

(3)时域价值是确定制造与服务融合在时间维度价值的重要属性,主要包括响应速度、供货速度、服务速度。其中响应速度是商业生态系统中把握市场机会的核心竞争力之一,针对客户需求实时反馈,短时间内制定应对方案,获得订单达成交易。

(4)频域价值是针对制造与服务横向融合中的重复程度价值的界定,是价值定量分析的主要内涵之一,包括产品数量、服务次数、服务多样性等。频域价值延伸了制造服务系统的广度,提升了制造服务价值的深度。频域价值综合体现制造与服务横向融合的质量指标。

(5)信用价值是服务企业能够完成所承诺服务的能力,得到客户信任,并且在服务欠佳时及时采取补救措施。可以从服务人力的可靠性、服务知识的专业性、服务补救的可信性等方面定义信用价值的内涵。

(6)经济价值是客户获得的利益与客户付出的成本之间的差值,反映客户对服务的主观感知。经济价值根据客户对服务的感知利益得失来确定客户正面感知与客户负面感知,如利润水平、价格、时间、服务企业资源等。

(7)社会价值是服务企业积极的社会形象展示为顾客带来的价值内涵,反映制造服务活动的现场管理与服务交付的价值,如服务现场的环境、服务人员的表现、产品设备的品质、行业绿色环保与可持续性等。

2. 商业生态系统中制造与服务横向融合的价值识别过程

在商业生态系统中，服务企业、制造企业、终端用户等制造服务主体具有各自的生态位，并在市场竞争环境下根据制造与服务融合的价值链来动态调整生态位，其中价值识别是寻求利益相关者的价值需求。制造服务主体采用模糊语言来描述期望中的价值，表达价值需求，构建价值属性集合。制造服务平台从制造服务主体的显性语言表达中，结合商业生态系统环境，找出潜在隐性需求，识别出价值需求的共性内容和潜在冲突，确定制造服务价值。制造与服务横向融合的价值识别过程如图 4.4 所示。

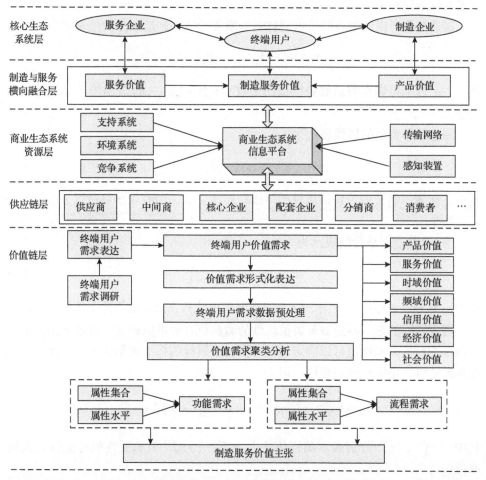

图 4.4　制造与服务横向融合的价值识别过程

制造与服务横向融合的价值创造从价值识别开始，在商业生态系统资源层与供应链层的共同作用下，从价值链角度针对终端用户的需求进行调研，以需求模糊表达来确定终端用户价值需求,从产品价值、服务价值、时域价值、频域价值、信用价值、经济价值、社会价值等方面来描述。在价值需求形式化表达模型中,对终端用户需求数据先进行预处理,然后进行需求聚类分析。在此基础上,定义功能需求与流程需求,确定功能需求的属性集合与属性水平,以及流程需求的属性集合与属性水平。最后将功能需求与流程需求传递给制造服务价值主张。

3. 制造与服务横向融合的价值识别算法

制造与服务横向融合的价值识别算法的核心作用是,在终端用户价值需求形式化的基础上解决价值需求聚类分析问题,以实现智能聚类。终端用户价值需求的形式化表达如下。

制造与服务横向融合的价值简称制造服务价值,制造服务价值表示为

$$V = \{V_1, V_2, \cdots, V_n\} \tag{4.1}$$

其中, n 表示可识别制造服务价值的个数; $V_i (i = 1, 2, \cdots, n)$ 表示第 i 个制造服务价值。

制造服务价值的属性表示为

$$s = \{s_1, s_2, \cdots, s_m\} \tag{4.2}$$

其中, m 表示制造服务价值属性的维数; $s_k (k = 1, 2, \cdots, m)$ 表示制造服务价值的第 k 维属性。

第 i 个制造服务价值表示为

$$V_i = \{x_{i1}, x_{i2}, \cdots, x_{im}\} \tag{4.3}$$

其中, $x_{ik} (k = 1, 2, \cdots, m)$ 表示第 i 个制造服务价值 V_i 在第 k 维属性上的属性值。

需要说明的是,制造服务价值属性的属性值有的可以确定,有的无法确定,可以区别对待。属性值可以确定的以各类价值属性的标准量纲来确定,属性值不能确定的以三角模糊数来表达,记为

$$x_{ik} = \left[x_{ik}^{\mathrm{NL}}, x_{ik}^{\mathrm{NM}}, x_{ik}^{\mathrm{NU}} \right], \quad 0 < x_{ik}^{\mathrm{NL}} < x_{ik}^{\mathrm{NM}} < x_{ik}^{\mathrm{NU}} \tag{4.4}$$

其中, x_{ik}^{NU} 、 x_{ik}^{NL} 分别表示属性值的上、下界; x_{ik}^{NM} 表示属性值可能性最大的取值。

1) 价值识别算法定义

制造服务价值的识别是将制造与服务横向融合过程中产生的价值链进行聚类,通过定义七大类制造服务价值来规范化,并确定制造服务价值属性。不同类

型的制造服务价值属性描述不一致，区分变量定义为相似度。

(1)以制造服务价值的平均相似度来选取初始聚类中心，可以确定两个聚类中心。第一个聚类中心选择平均相似度最大的制造服务价值，第二个聚类中心选择与第一个聚类中心相似度最小的制造服务价值。

(2)考虑两个初始聚类中心与制造服务价值之间的综合相似度，相似度最大的先聚类，以此类推。

(3)设计终止函数与评价函数，根据判断结果重新聚类，需要选取新的聚类中心。以综合相似度最低的制造服务价值作为新的聚类中心，同时设定阈值来终止聚类。另外，在重新聚类过程中，还需要根据评价函数来确定最佳聚类个数。

制造服务价值识别算法的相关定义如下。

定义 4.1 制造服务价值的属性值无量纲化。

针对终端用户需求数据预处理的重要步骤之一是将属性值进行无量纲化，方法为

$$x'_{ik} = \begin{cases} \dfrac{x_{ik} - \min(x_{ik})}{\max(x_{ik}) - \min(x_{ik})}, & \max(x_{ik}) - \min(x_{ik}) \neq 0 \\ 1, & \max(x_{ik}) - \min(x_{ik}) = 0 \end{cases}, i \in 1,2,\cdots,n \quad (4.5)$$

其中，n 表示可识别制造服务价值的个数；x'_{ik} 表示无量纲化后的属性值；$\max(x_{ik})$ 表示全体制造服务价值在第 k 维属性上的最大属性值；$\min(x_{ik})$ 表示全体制造服务价值在第 k 维属性上的最小属性值。

定义 4.2 制造服务价值的属性权值。

制造服务价值的属性权值是属性在制造与服务融合过程中的重要程度，计算公式为

$$\beta_k = -\frac{1}{\ln(n)}\sum_{i=1}^{n}\left[\frac{x'_{ik}}{\sum\limits_{i=1}^{n}x'_{ik}}\ln\left(\frac{x'_{ik}}{\sum\limits_{i=1}^{n}x'_{ik}}\right)\right] \quad (4.6)$$

$$\omega_k = \frac{1-\beta_k}{\sum\limits_{k=1}^{m}(1-\beta_k)}, \quad \sum_{k=1}^{m}\omega_k = 1 \quad (4.7)$$

其中，β_k 表示属性的信息熵，与不确定性程度成正比，与属性重要程度成反比；ω_k 表示属性 s_k 的权值。

定义 4.3 制造服务价值的属性相似度。

可以确定属性数值的两个制造服务价值 V_i 与 V_j 之间属性的相似度为

$$r_{ij}^{\mathrm{F}} = 1 - \sqrt{\sum_k \omega_k \left(x_{ik}' - x_{jk}' \right)^2} \tag{4.8}$$

其中，x_{ik}' 与 x_{jk}' 分别表示 x_{ik} 与 x_{jk} 无量纲化后的属性值；ω_k 表示属性值的权值。

不能确定属性数值的两个制造服务价值 V_i 与 V_j 之间属性的相似度为

$$r_{ij}^{\mathrm{N}} = \sum_k \omega_k \frac{x_{ik}^{\mathrm{NL}'} x_{jk}^{\mathrm{NL}'} + x_{ik}^{\mathrm{NM}'} x_{jk}^{\mathrm{NM}'} + x_{ik}^{\mathrm{NU}'} x_{jk}^{\mathrm{NU}'}}{\max\left(\left(x_{ik}^{\mathrm{NL}'} \right)^2 + \left(x_{ik}^{\mathrm{NM}'} \right)^2 + \left(x_{ik}^{\mathrm{NU}'} \right)^2, \left(x_{jk}^{\mathrm{NL}'} \right)^2 + \left(x_{jk}^{\mathrm{NM}'} \right)^2 + \left(x_{jk}^{\mathrm{NU}'} \right)^2 \right)} \tag{4.9}$$

其中，$x_{ik}^{\mathrm{NL}'}$、$x_{ik}^{\mathrm{NM}'}$、$x_{ik}^{\mathrm{NU}'}$ 分别表示 x_{ik}^{NL}、x_{ik}^{NM}、x_{ik}^{NU} 无量纲化后的属性值；ω_k 表示属性值的权值。

因此，两个制造服务价值 V_i 与 V_j 之间的综合相似度为

$$r_{ij} = \omega_{ij}^{\mathrm{F}} r_{ij}^{\mathrm{F}} + \omega_{ij}^{\mathrm{N}} r_{ij}^{\mathrm{N}} \tag{4.10}$$

其中，ω_{ij}^{F} 表示可以确定属性数值的权值；ω_{ij}^{N} 表示不能确定属性数值的权值。如果聚类中有进一步的要求，可以根据要求详细定义属性权值。

以综合相似度建立制造服务价值相似矩阵为

$$R = \begin{bmatrix} r_{11} & r_{12} & \cdots & r_{1n} \\ r_{21} & r_{22} & \cdots & r_{2n} \\ \vdots & \vdots & & \vdots \\ r_{n1} & r_{n2} & \cdots & r_{nn} \end{bmatrix} \tag{4.11}$$

其中，$r_{ij} = r_{ji}$。

定义 4.4　制造服务价值的平均相似度。

第 i 个制造服务价值 V_i 的平均相似度为

$$a_i = \frac{r_{i1} + r_{i2} + \cdots + r_{in}}{n}, \quad i = 1, 2, \cdots, n \tag{4.12}$$

其中，$r_{ik} (k=1,2,\cdots,n)$ 表示制造服务价值 V_i 与 V_k 的综合相似度。

定义 4.5　制造服务价值的类内聚。

同一簇内制造服务价值之间的紧密程度用类内聚来表示，类内聚与综合相似度成正比，第 j 个类簇 C_j 的聚类中心是制造服务价值 V_j 的类内聚为

$$E_j = \frac{\sum_{i=1}^{t} r_{ij}}{t} \tag{4.13}$$

其中，r_{ij} 表示两个制造服务价值 V_i 与 V_k 之间的综合相似度；t 表示类簇 C_j 所包含制造服务价值的个数。

定义 4.6　制造服务价值的终止函数。

制造服务价值的终止函数定义为

$$\text{ZR}_q = \min_{1 \leqslant j \leqslant q}(E_j) - \max_{i \neq j}\left(r(V_i, V_j)\right) \tag{4.14}$$

其中，q 表示当前聚类个数；E_j 表示第 j 个类簇内的类内聚；$r(V_i, V_j)$ 表示两个聚类中心之间的类间聚，以其相似度来度量；$\min\limits_{1 \leqslant j \leqslant q}(E_j)$ 表示聚类个数为 q 时类内聚的最小值；$\max\limits_{i \neq j}\left(r(V_i, V_j)\right)$ 表示聚类个数为 q 时类间聚的最大值。一般设定阈值 z 作为终止条件，当 $\text{ZR}_q \leqslant z$ 时，停止聚类，并确定聚类个数的选择范围。

定义 4.7　制造服务价值的评价函数。

制造服务价值的评价函数定义为

$$\text{CR}_q = \frac{\displaystyle\sum_{j=1}^{q}\frac{E_j}{q} - \sum_{i \neq j}^{q(q-1)/2}\frac{r(V_i, V_j)}{q(q-1)/2}}{\displaystyle\sum_{i \neq j}^{q(q-1)/2}\frac{r(V_i, V_j)}{q(q-1)/2}} \tag{4.15}$$

其中，q 表示当前聚类个数；E_j 表示第 j 个类簇内的类内聚；$r(V_i, V_j)$ 表示两个聚类中心之间的类间聚，以其相似度来度量；$\displaystyle\sum_{j=1}^{q}\frac{E_j}{q}$ 表示聚类个数为 q 时全体类簇的平均类内聚，$\displaystyle\sum_{i \neq j}^{q(q-1)/2}\frac{r(V_i, V_j)}{q(q-1)/2}$ 表示聚类中心之间的平均类间聚。最佳聚类结果以聚类个数内评价函数最大值 $\text{CR}_{q\max}$ 来确定。

2）价值识别算法流程

步骤 1　针对制造与服务融合数据预处理，确定制造服务价值 s、属性 x_{ik}、阈值 z，并将制造服务价值属性无量纲化获得 x'_{ik}。

步骤 2　计算制造服务价值属性的权值 ω_k。

步骤 3　根据制造服务价值属性类型，计算价值之间的综合相似度 r_{ij}，并生成制造服务价值相似矩阵 R。

步骤 4　确定各个制造服务价值的平均相似度 a_i，将最大的制造服务价值 $s_{\max}$ 设为首个聚类中心，选取与 $s_{\max}$ 相似度最低的制造服务价值 $s_{\min}$ 为第二个聚类中心。

步骤 5　以各个制造服务价值与两个聚类中心 s_{max} 与 s_{min} 的相似度来聚类,同时求出各个类簇的相关参数,包括终止函数 ZR_q、类内聚 E_j、评价函数 CR_q。

步骤 6　如果制造服务价值的类簇终止函数 $ZR_q \leqslant z$,则聚类停止,选择 $CR_{q\,max}$ 对应的 q_{max} 为最佳聚类个数。

步骤 7　选取制造服务价值的最小内聚 s_{min},在其中选择与聚类中心相似度最低的制造服务价值为新的聚类中心,再次聚类,确定终止函数 ZR_q、类内聚 E_j、评价函数 CR_q,返回步骤 6。

4.3.2　制造与服务横向融合的价值主张

制造与服务横向融合的价值主张是将价值识别初步确定的价值进一步明确与细化的过程。价值识别从多源异构需求描述中获取规范化的制造服务价值定义,进而针对具体的制造服务活动划分功能模块与流程模块。以功能与流程的模块化分析确定制造服务价值属性,以及价值属性的水平组合,选择对应的模块,完成符合客户价值需求的配置方案,并确定制造服务功能与制造服务流程之间的映射规则。

1. 价值链上制造与服务横向融合的价值属性表

从价值链角度分析制造与服务横向融合,服务企业提供服务,制造企业生产产品,终端用户支付制造服务价值,以模块化方法分析制造服务价值,从制造服务功能与流程角度来定义制造服务价值属性。制造与服务横向融合的价值属性表如表 4.2 所示。

表 4.2　制造与服务横向融合的价值属性表

序号	制造服务价值属性	价值属性子项	描述
1	产品质量	产品功能	产品符合客户需求的能力
		产品等级	产品差异化价值
		产品维修性	产品功能的失效恢复能力
2	服务水平	服务人员素质	服务人员的知识水平与业务能力
		服务设备先进性	服务设备的技术水平
		技术专业性	服务技术细节要求
3	制造服务可靠性	服务保障	服务功能可达性
		产品可靠	产品功能持续性
		服务补救	补救措施与补救速度

续表

序号	制造服务价值属性	价值属性子项	描述
4	服务响应	响应方式	制造服务订单请求渠道
		响应约束	服务响应时间与反馈速度
		响应速度	服务上门速度以及供货速度
5	服务操作	流程实施	服务流程实施方案
		人员安排	流程中服务人员任务安排
		流程元素	服务流程输入、输出、步骤
6	服务反馈	客户投诉	提供客户投诉渠道与投诉处理方案
		客户沟通	与客户沟通来优化服务流程
7	服务化权重	功能服务化	产品功能的服务要素占比
		流程服务化	产品流程的服务要素占比

(1) 产品质量是制造与服务横向融合的功能属性，主要包括产品功能、产品等级、产品维修性等方面的价值。产品质量提供制造服务的基础功能，并分层提供产品的功能等级，满足不同类型客户的需求，同时提供维修服务确保产品在特定时间期限内的功能持续。

(2) 服务水平是制造与服务横向融合的功能属性，主要包括服务人员素质、服务设备先进性、技术专业性等方面的价值。服务水平是在服务实施过程中体现的，服务功能的实现需要服务人员具备相应的知识水平以及业务能力，在服务技术细节上需要规范要求。

(3) 制造服务可靠性是制造与服务横向融合的功能属性，主要包括服务保障、产品可靠、服务补救等方面的价值。产品功能可持续是产品功能可靠性属性的重要指标，服务保障是服务功能可靠性属性的重要指标，服务补救提供服务失效时的补救措施，保障制造服务功能可靠。

(4) 服务响应是制造与服务横向融合的流程属性，主要包括响应方式、响应约束、响应速度等方面的价值。针对客户购买制造服务的过程提供多样化的订单请求渠道，实时监控客户下单情况，缩短响应时间，提高反馈速度。

(5) 服务操作是制造与服务横向融合的流程属性，主要包括流程实施、人员安排、流程元素等方面的价值。针对客户订单的服务需求制定详细的服务流程实施方案，以服务流程输入、输出、步骤等流程元素确定实施方案，并安排服务人员任务。

(6) 服务反馈是制造与服务横向融合的流程属性，主要包括客户投诉与客户沟通等方面的价值。针对客户在服务实施过程中的各类事件，提供投诉渠道以及投诉处理方案。服务过程中及时与客户沟通流程细节，以此来优化服务流程。

(7) 服务化权重是制造与服务横向融合的综合属性，主要包括功能服务化与流程服务化等方面的价值。在产品功能中分析服务要素的占比以及相关利润来源，确定服务化战略；在产品流程中分析服务要素占比以及相关利润来源，确定服务化措施。

2. 商业生态系统中制造与服务横向融合的价值主张过程

制造与服务融合的价值主张是在服务企业、制造企业、终端用户等制造服务主体之间取得利益相关者一致同意，开发价值内涵。在商业生态系统中，基于终端用户的个性化服务需求识别，制造企业以产品服务定制方式，通过产品服务设计开发组合定制，为终端用户提供满足价值需求的制造服务。价值主张依据终端用户的价值需求，将制造服务的价值属性与属性水平进行组合，并结合制造与服务融合业务，配置制造服务方案。制造与服务横向融合的价值主张过程如图4.5所示。

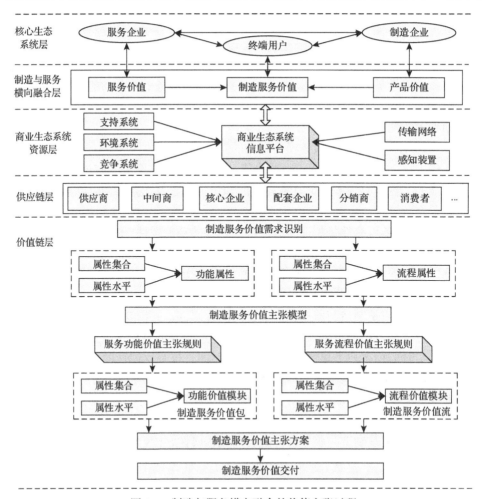

图 4.5　制造与服务横向融合的价值主张过程

制造与服务横向融合的价值创造以价值主张为核心，在商业生态系统资源层与供应链层的共同作用下，根据制造服务价值需求识别的功能属性与流程属性进行制造服务价值主张建模，确定主张模型。然后设计服务功能价值主张规则与制造服务价值包，确定功能价值模块的属性集合与属性水平；同时设计服务流程价值主张规则与制造服务价值流，确定流程价值模块的属性集合与属性水平。将功能价值模块与流程价值模块集成为制造服务价值主张方案，进而约束制造服务价值交付。

3. 制造与服务横向融合的价值主张算法

制造与服务横向融合的价值主张算法的核心作用是，在制造服务价值识别的基础上解决价值在服务企业、制造企业、终端用户之间的配置优化问题，以实现智能配置。价值主张在优化配置制造服务价值的同时，也要优化价值链设计。价值主张的形式化表达如下。

在商业生态系统中，假设制造服务价值由 K_1 种产品价值模块 M_1、K_2 种服务价值模块 M_2、K_3 种生态位价值模块 M_3 组成，每种价值模块都各自有几个候选项，每个候选项都存在不同的制造服务主体。制造服务价值模块种数 K 为

$$K = K_1 + K_2 + K_3 \tag{4.16}$$

制造服务价值模块表示为 $m_k(k=1,2,\cdots,K)$，每种价值模块 m_k 有 L_k 个候选项，则第 k 种价值模块的第 l 个候选项为 m_{kl}。

制造服务价值主张是在 K 种价值模块候选项中各选出一个，然后排列，每种排列就是一个制造服务价值主张方案 P_j，制造服务价值主张方案集为 $P = \{P_j, j=1,2,\cdots,J\}$。制造服务价值主张就是平台选择价值模块组成价值，从中选择一个价值来主张，即平台根据商业生态系统中的生态位需求和制造服务主体需求等，选择价值模块，组成制造服务价值，每个制造服务价值模块由不同地址的服务企业、制造企业、终端用户来主张。制造服务价值链就是这些价值主张组成的有序集合。

1）价值主张算法定义

制造服务价值主张是将制造与服务横向融合过程中产生的价值模块进行配置，生成服务企业、制造企业、终端用户各自的价值主张。在优化配置制造服务价值的同时，优化商业生态系统中的价值链，采用双层优化模型来实现。在上层价值模块配置优化目标下求出解，下层价值链以该解中变量为参变量求解，如果获得解与上层相同，则该解为最优解；否则，用优化规则进行迭代，求出最优解。

制造服务价值主张算法的相关定义如下。

定义 4.8　制造服务价值主张的上层。

设 k 种制造服务价值模块的所有价值模块候选项共有 J 种排列，y_j 表示第 j 种制造服务价值主张方案 P_j 的选择变量，定义为

$$y_j = \begin{cases} 1, & \text{在价值主张中选择} P_j \\ 0, & \text{在价值主张中未选择} P_j \end{cases}, \quad j = 1, 2, \cdots, J \tag{4.17}$$

假设 $Y = (y_1, y_2, \cdots, y_J)$ 是制造服务价值主张决策向量；$X_j = (X_{j1}, X_{j2}, \cdots, X_{jK}) = (x_{j11}, \cdots, x_{j1L_1}, \cdots, x_{jkl}, \cdots, x_{jKL_K})$ 是制造服务价值主张方案 P_j 的表示向量，x_{jkl} 表示 P_j 中第 k 个价值模块第 l 个候选项的选择变量，定义为

$$x_{jkl} = \begin{cases} 1, & P_j \text{中包含第} k \text{个价值模块第} l \text{个候选项} \\ 0, & P_j \text{中不包括第} k \text{个价值模块第} l \text{个候选项} \end{cases}, \quad k = 1, 2, \cdots, K; l = 1, 2, \cdots, L_k \tag{4.18}$$

X_{jk} 表示 P_j 中第 k 个价值模块的选择变量。

上层决策向量为 (X, Y)，其中 $Y = \{y_1, y_2, \cdots, y_j\}$，$X = \{X_1, X_2, \cdots, X_J\}$。

假设制造服务价值的目标市场有 R 个，每个子市场的规模为 Q_r，Q_r 表示市场 r 的顾客对该种价值的总需求量。市场 r 的顾客认为的效用 U_{rj} 为

$$U_{rj} = \sum_{k=1}^{K} \sum_{l=1}^{L_k} \omega_{jk} u_{rkl} x_{jkl} + \pi_{rj} + \varepsilon_{rj} \tag{4.19}$$

其中，ω_{jk} 表示第 k 个价值模块在 P_j 中的权重；u_{rkl} 表示市场 r 中顾客认为 P_j 中第 k 个价值模块第 l 个候选项的效用；x_{jkl} 表示 P_j 中第 k 个价值模块第 l 个候选项的选择变量；π_{rj} 表示市场 r 中顾客认为 P_j 的综合效用；ε_{rj} 表示误差项。

制造服务价值模块的通用性 CI 定义为

$$CI = \frac{\sum\limits_{k=1}^{K} \sum\limits_{l=1}^{L_k} v_{kl}}{\sum\limits_{k=1}^{K} \sum\limits_{l=1}^{L_k} l_k} \tag{4.20}$$

其中，v_{kl} 表示第 k 个价值模块第 l 个候选项的通用程度；l_k 表示第 k 个价值模块的候选项个数。

v_{kl} 定义为

$$v_{kl} = \begin{cases} 1, & \text{至少有两种} P \text{中包含} m_{kl} \\ 0, & \text{其他} \end{cases}, k = 1, 2, \cdots, K; l = 1, 2, \cdots, L_k \qquad (4.21)$$

上层的目标函数 $F(Y, X)$ 定义为

$$F(Y, X) = \sum_{r=1}^{R} \sum_{j=1}^{J} \frac{U_{rj}}{(1 - \text{CI})\text{TC}} D_{rj} y_j \qquad (4.22)$$

其中，U_{rj} 表示市场 r 中顾客认为 P_j 的效用；CI 表示价值模块的通用性；TC 表示价值链总成本；D_{rj} 表示市场 r 中顾客对 P_j 的需求量，$D_{rj} = p_{rj} Q_r$，p_{rj} 是市场 r 中顾客选择 P_j 的概率；y_j 表示第 j 种制造服务价值主张方案 P_j 的选择变量。

定义 4.9 制造服务价值主张的下层。

下层价值链优化比较复杂，简化的目标函数定义为

$$\text{TC} = C_{\text{MP}} + C_{\text{PA}} + C_{\text{MT}} \qquad (4.23)$$

其中，TC 表示价值链总成本；C_{MP} 表示产品价值成本；C_{PA} 表示服务价值成本；C_{MT} 表示生态位价值成本。

产品价值成本 C_{MP} 定义为

$$C_{\text{MP}} = \sum_k \sum_l \sum_s C_{\text{MP}kl} \times z_{kl}^s \qquad (4.24)$$

其中，k 为价值模块种数；l 为价值模块候选项个数；s 为价值产生节点数；$C_{\text{MP}kl}$ 表示价值模块候选项 m_{kl} 的单位产生成本；z_{kl}^s 表示价值模块候选项 m_{kl} 的选择变量，定义为

$$z_{kl}^s = \begin{cases} 1, & s \text{被选择} m_{kl} \\ 0, & s \text{未被选择} m_{kl} \end{cases}, k = 1, 2, \cdots, K; l = 1, 2, \cdots, L_k \qquad (4.25)$$

服务价值成本 C_{PA} 定义为

$$C_{\text{PA}} = \sum_j \sum_t C_{\text{PA}j} \times z_j^t \qquad (4.26)$$

其中，j 为价值主张方案数；t 为生态位节点数；$C_{\text{PA}j}$ 表示价值主张方案 P_j 的单位产生成本；z_j^t 表示价值主张方案 P_j 在 t 处产生的选择变量，定义为

$$z_j^t = \begin{cases} 1, & P_j \text{被选择在} t \text{处产生} \\ 0, & P_j \text{未被选择在} t \text{处产生} \end{cases}, j = 1, 2, \cdots, J \qquad (4.27)$$

生态位价值成本 C_{MT} 定义为

$$C_{MT} = \sum_s \sum_t C_{MT}^{s \to t} \times \left(\sum_k \sum_l C_{MTkl} \times v_{kl}^{s \to t} \right) \tag{4.28}$$

其中，s 为价值产生节点数；t 为生态位节点数；k 为价值模块种数；l 为价值模块候选项个数；$C_{MT}^{s \to t}$ 表示模块候选项从价值产生节点 s 到生态位节点 t 的生态位距离；C_{MTkl} 表示价值模块候选项 m_{kl} 的单位生态成本；$v_{kl}^{s \to t}$ 表示模块候选项从价值产生节点 s 到生态位节点 t 的生态位点个数。

定义 4.10 制造服务价值的主张模型。

上层优化制造服务价值主张的优选模型：

$$\max\left(F(Y, X)\right) = \max\left(\sum_{r=1}^{R} \sum_{j=1}^{J} \frac{U_{rj}}{(1 - CI)TC^*} D_{rj} y_j \right)$$

$$\text{s.t. } U_{rj} = \sum_{k=1}^{K} \sum_{l=1}^{L_k} \omega_{jk} u_{rkl} x_{jkl} + \pi_{rj} + \varepsilon_{rj}$$

$$CI = \frac{\displaystyle\sum_{k=1}^{K} \sum_{l=1}^{L_k} v_{kl}}{\displaystyle\sum_{k=1}^{K} \sum_{l=1}^{L_k} l_k} \tag{4.29}$$

$$\sum_{k=1}^{K} \sum_{l=1}^{L_k} \left| x_{jkl} - x_{j'kl} \right| > 0, \quad j \neq j'$$

$$y_j, x_{jkl} \in \{0,1\}$$

其中，$F(Y, X)$ 表示制造服务价值主张的优化目标函数；U_{rj} 表示市场 r 中顾客认为 P_j 的效用；CI 表示价值模块的通用性；TC^* 表示价值链最优成本；D_{rj} 表示市场 r 中顾客对 P_j 的需求量；y_j 表示 P_j 的选择变量；ω_{jk} 表示第 k 个价值模块在 P_j 中的权重；u_{rkl} 表示市场 r 中顾客认为 P_j 中第 k 个价值模块第 l 个候选项的效用；x_{jkl} 表示 P_j 中第 k 个价值模块第 l 个候选项的选择变量；π_{rj} 表示市场 r 中顾客认为 P_j 的综合效用；ε_{rj} 表示误差项；v_{kl} 表示第 k 个价值模块第 l 个候选项的通用程度；l_k 表示第 k 个价值模块的候选项个数。

下层优化价值链最优成本模型：

$$TC^* = \min(TC) = \min(C_{MP} + C_{PA} + C_{MT})$$

$$\text{s.t.}\ z_{kl}^s \leqslant 1 - \prod_j x_{jkl}$$

$$\sum_k \sum_l v_{kl}^{s \to t} = W_M^{s \to t} \tag{4.30}$$

$$y_j \leqslant z_j^s$$

其中，TC^* 表示价值链最优成本；TC 表示价值链总成本；C_{MP} 表示产品价值成本；C_{PA} 表示服务价值成本；C_{MT} 表示生态位价值成本；z_{kl}^s 表示模块候选项 m_{kl} 的选择变量；x_{jkl} 表示 P_j 中第 k 个价值模块第 l 个候选项的选择变量；$v_{kl}^{s \to t}$ 表示模块候选项从价值产生节点 s 到生态位节点 t 的生态位点个数；$W_M^{s \to t}$ 表示从价值产生节点 s 到生态位节点 t 的生态位距离上限值；y_j 表示第 j 种制造服务价值主张方案 P_j 的选择变量；z_j^s 表示 P_j 在价值产生节点 s 处的选择变量。

2）价值主张算法流程

步骤 1　针对制造与服务融合数据预处理，根据价值识别结果，在双层模型中减小上层与下层的搜索空间。算法目标定为上层实现制造服务价值主张，下层实现价值链设计。

步骤 2　随机生成上层种群，制造服务价值 N 个，根据制造服务价值主张规则来确定初始种群。利用下层优化结果来确定价值链设计的最优值。同时，计算上层染色体的适应度值，需要考虑双层变量值约束。

步骤 3　上层应用遗传算法来设计，进行亲代选择、交叉、变异操作。在制造服务价值种群中确定亲代，然后通过多点交叉与变异，确定获得制造服务价值的子代种群。

步骤 4　下层通过上层的结果来映射，以相同变量传递数值，确定每一个制造服务价值的子代个体。同时，上下层一一对应中随机产生一个价值链群，作为下层优化的依托。

步骤 5　检查上下层情况。主要通过约束来判断制造服务价值子代个体可行性。对不满足约束的制造服务价值子代个体实施惩罚。

步骤 6　计算上层问题中的制造服务价值个体适应度值，需要结合步骤 4 中下层决策变量最优值与上层决策变量值，来评估制造服务价值子代。

步骤 7　若迭代次数超出阈值或者终止条件满足，则程序停止，上层获得制造服务价值最优主张，下层获得价值链最优设计；否则，转到步骤 3，继续迭代。

4.3.3　制造与服务横向融合的价值交付

制造与服务横向融合的价值交付是根据初步的价值主张下达成的制造服务方案，结合服务实施、顾客信息、需求变更等因素，优化改进制造服务方案的属性。可以采用制造服务方案蓝图将服务流程分解为流程步骤、服务方法、任务节点等，并将制造服务主体之间的服务接触可视化。价值交付一般从产品导向、服务导向、绩效导向等方面来分析客户域、服务域、产品域、后台域的价值属性，并通过交付网络来支持价值交付的优选。

1. 价值链上制造与服务横向融合的价值交付表

从价值链角度分析制造与服务横向融合，价值创造的价值交付过程可以采用制造服务蓝图来分析价值交付的各类属性，构建价值交付表，以此来规范服务实施的交付过程。制造与服务横向融合的价值交付表如表 4.3 所示。

表 4.3　制造与服务横向融合的价值交付表

序号	价值目标	交付属性	描述
1	交付类型	产品导向	关注产品本身属性
		服务导向	关注服务对产品的支持
		绩效导向	关注服务带来的整体绩效价值
2	服务响应	响应方式	客户提出服务的沟通方式
		服务速度	上门速度与服务时间等
		供货速度	产品供应与备件供应
3	服务参与	参与程度	客户在服务中的作用
		参与方式	客服参与交付的渠道与时间
4	服务操作	流程元素	服务流程输入与输出，流程依赖关系
		流程实施	满足客户需求的服务流程方案与步骤
		人员安排	交付中服务人员任务分配定义
5	服务表现	有形展示	产品展示与服务人员表现
		服务现场	交付现场环境与设定
		可持续性	环保、低碳、绿色等
6	服务反馈	客户沟通	支持与客户互动，并改进服务流程
		客户投诉	提供客户对服务的投诉渠道与处理
7	服务交付	资源管理	服务实施的资源替换
		服务接触	服务接触方式与手段

(1)交付类型是对价值交付的目标方向的选择，可以通过产品性能来评价交付，可以通过服务功能来评价交付，也可以通过整体绩效来评价交付。不同的交付类型，评价标准与关注点也不相同，需要确定价值交付的导向类型。

(2)服务响应是确定价值交付的客户满意因素，例如，产品是否及时到达客户手中，服务上门是否及时以及服务时间有多长，客户提出服务请求是否便捷等。可以通过服务请求管理来实现服务响应的智能化，优化服务响应。

(3)服务参与是价值交付中客户体验的重要属性，可以根据客户要求，调整客户的服务参与次数，也可以修改客户参与方案，优化客户在服务过程的参与机制。服务参与能够提高服务质量，缩短服务交付时间。

(4)服务操作是价值交付的核心任务，根据客户情况选择服务人员，以及对服务人员任务进行分配，并实现流程管理。服务操作主要实现服务流程的顺序接替，依据服务现场情况可以修改服务方案步骤，保障服务计划顺利实施。

(5)服务表现是在服务现场的服务人员实施服务过程的客户评价，如产品设备的改进、产品与服务的匹配、环保方案的改进等。服务表现可以针对服务现场规范化、标准化、智能化，及时根据客户需求来调整。

(6)服务反馈是面向产品服务的后台域属性之一，实现服务过程中的服务沟通管理、服务投诉管理等功能。服务反馈可以确定服务沟通的方式、途径、态度等，并提供客户投诉方式与客户投诉处置，以及采纳客户建议来改进服务路程属性。

(7)服务交付是将服务实施中的资源进行有效管理，并确定交付的接触方式。资源管理主要是针对交付中出现的方案变动，提供动态资源调配，支持服务交付顺利完成。服务接触可以确定如何与客户接触来实施服务以及涉及的时间、地点、操作工具等情况。

2. 商业生态系统中制造与服务横向融合的价值交付过程

制造与服务融合的价值交付是制造企业或服务企业依据协议在制造服务价值交付网络中的交付价值。在商业生态系统中，服务交付由于终端用户的实时需求会导致服务属性的变化，如交互现场、时间属性、人员属性等，因此需要针对制造服务配置的最佳方案进行本地化实施，就是根据顾客动态需求来优选配置方案的服务属性。制造与服务横向融合的价值交付过程如图 4.6 所示。

制造与服务横向融合的价值创造以价值交付来终结，在商业生态系统资源层与供应链层的共同作用下，从价值链角度构建制造服务价值交付网络，同时以价值主张为基础，结合制造服务价值属性与终端用户价值需求，进行交付方式价值博弈。可以从产品导向交付、服务导向交付、绩效导向交付三方面选择制造服务交付方式，采用产品服务蓝图方法，根据制造服务配置方案来设计制造服务交付过程。最后对制造服务交付过程进行优化，从而提高制造服务价值，促进制造与

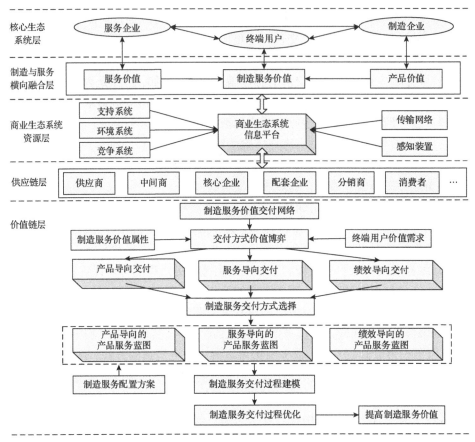

图 4.6　制造与服务横向融合的价值交付过程

服务横向融合。

3. 制造与服务横向融合的价值交付算法

制造与服务横向融合的价值交付算法的核心作用是,在制造服务价值主张之后,形成不同导向的制造服务价值。以此为基础,服务企业、制造企业、终端用户各自根据价值主张从价值模块候选项中优选,完成价值交付,以实现智能选择。价值交付既要考虑价值候选模块的个体表现值,也要考虑价值候选模块之间的协同表现值,价值交付的形式化表达如下。

在商业生态系统中,以终端用户与制造企业之间交付为例来构建交付算法。在制造服务平台上,终端用户提交交付任务后,平台将任务下发到相关的 h 个网络子群。其中符合参加交付任务需求的 n 个候选价值模块,记为 $P_i(i=1,2,\cdots,n)$,则网络子群 $j(j=1,2,\cdots,h)$ 中的候选价值模块数量为 n_j,有 $n=\sum_{j=1}^{h}n_j$。从中选择的目标价值模块总数为 $q = \sum\limits_{j=1}^{h} q_j$ 。个体能力评价指标为 $I_g \left(g = 1, 2, \cdots, l \right)$ 。其各项

权重为 v_g ，并且 $\sum\limits_{g=1}^{l} v_g = 1 \left(0 \leqslant v_g \leqslant 1 \right)$ ；协同能力评价指标为 $C_k \left(k = 1, 2, \cdots, m \right)$ ，其

各项权重为 w_k ，并且 $\sum\limits_{k=1}^{m} w_k = 1 \left(0 \leqslant w_k \leqslant 1 \right)$ 。

1）价值交付算法定义

制造服务价值的交付是将制造与服务横向融合过程中产生的价值模块进行选择，在服务企业、制造企业、终端用户之间各自两两选择进行价值交付。每个价值交付过程以双目标二次规划进行优化，在优选制造服务价值模块个体表现的同时，优选商业生态系统中的协同表，二者分别建立目标函数。

制造服务价值交付算法的相关定义如下。

定义 4.11　制造服务价值交付的个体表现。

设有制造服务候选价值模块的个体表现信息矩阵 $R = \left[r_{ig} \right]_{n \times l}$ ，其中 r_{ig} 为候选价值模块 P_i 在个体表现指标 I_g 下的表现，n 为候选价值模块数量，l 为个体能力评价指标数量。对 r_{ig} 进行成本型规范处理，获得 $R' = \left[r'_{ig} \right]_{n \times l}$ 。

r'_{ig} 定义为

$$r'_{ig} = \frac{r_{ig}^{\max} - r_{ig}}{r_{ig}^{\max} - r_{ig}^{\min}}, \quad i = 1, 2, \cdots, n; g = 1, 2, \cdots, l \tag{4.31}$$

其中，$r_{ig}^{\max} = \max \left(r_{ig} | i = 1, 2, \cdots, n \right), g = 1, 2, \cdots, l$ ；$r_{ig}^{\min} = \min \left(r_{ig} | i = 1, 2, \cdots, n \right), g = 1,$ $2, \cdots, l$ 。

假设制造服务价值模块个体表现的权重指标向量为 $V = \left(v_1, v_2, \cdots, v_l \right)$ ，通过价值交付的优先规则来确定。候选制造服务价值模块的综合个体表现为

$$\varphi_i = \sum\limits_{g=1}^{l} v_j r'_{ig}, \quad i = 1, 2, \cdots, n \tag{4.32}$$

其中，v_j 表示第 j 个候选价值模块个体表现的权重；r'_{ig} 表示第 j 个候选价值模块在 I_g 下的表现值。

制造服务价值模块个体表现的优选模型为

$$\max(Z_1) = \max\left(\sum_{i=1}^{n} \varphi_i x_i\right)$$

$$\text{s.t.} \sum_{i \in N_j} x_i = q_j, \quad j = 1, 2, \cdots, h \tag{4.33}$$

$$x_i \in \{0,1\}, \quad i = 1, 2, \cdots, n$$

其中，Z_1 表示个体表现值；φ_i 表示候选价值模块 P_i 的个体表现信息；x_i 表示 P_i 的选择变量；q_j 表示第 j 个价值子群中被选择的价值模块个数，$\sum_{j=1}^{h} q_j = q$。

定义 4.12 制造服务价值交付的协同表现。

设有制造服务候选价值模块之间的协同表现信息矩阵 $D_k = \left[d_{ij}^k\right]_{n \times n}$，其中，$d_{ij}^k (i \neq j)$ 为候选价值模块 P_i 和 P_j 在协同目标 C_k 下的协同表现，$d_{ii}^k = 0$；n 表示候选价值模块个数；k 表示协同能力评价指标个数。对 d_{ij}^k 进行成本型规范处理，获得 $D_k' = \left[d_{ij}'^k\right]_{n \times n}$。

$d_{ij}'^k$ 定义为

$$d_{ij}'^k = \frac{d_{ij}^{k\max} - d_{ij}^k}{d_{ij}^{k\max} - d_{ij}^{k\min}}, \quad i, j = 1, 2, \cdots, n; i \neq j; k = 1, 2, \cdots, m \tag{4.34}$$

其中，

$$d_{ij}^{k\max} = \max\left(d_{ij}^k \mid i, j = 1, 2, \cdots, n, i \neq j\right), \quad k = 1, 2, \cdots, m$$
$$d_{ij}^{k\min} = \min\left(d_{ij}^k \mid i, j = 1, 2, \cdots, n, i \neq j\right), \quad k = 1, 2, \cdots, m$$

假设制造服务价值模块协同表现的权重指标向量为 $W = (w_1, w_2, \cdots, w_m)$，通过价值交付的协同优先规则来确定。候选制造服务价值模块之间的综合协同表现为

$$\rho_{ij} = \sum_{k=1}^{m} w_k d_{ij}'^k, \quad i = 1, 2, \cdots, n \tag{4.35}$$

其中，w_k 表示协同体表现 C_k 的权重；$d_{ij}'^k$ 表示两个候选价值模块 P_i 和 P_j 在 C_k 下的协同表现值。

制造服务价值模块协同表现的优选模型为

$$\max\left(Z_2\right) = \max\left(\sum_{i=1}^{n}\sum_{j=1,j\neq i}^{n}\rho_{ij}x_i x_j\right)$$

$$\text{s.t.} \sum_{i\in N_j}x_i = q_j, \quad i=1,2,\cdots,h \tag{4.36}$$

$$x_i \in \{0,1\}, \quad i=1,2,\cdots,n$$

其中，$\sum_{j=1}^{h}q_j = q$。Z_2 表示协同表现值；x_i 表示 P_i 的选择变量；ρ_{ij} 表示候选价值模块 P_i 和 P_j 之间的协同表现信息；q_j 表示第 j 个价值子群中被选择的价值模块个数。

定义 4.13　制造服务价值的交付模型。

制造服务价值交付的双目标二次规划为

$$\max\left(Z_1\right) = \max\left(\sum_{i=1}^{n}\varphi_i x_i\right)$$

$$\max\left(Z_2\right) = \max\left(\sum_{i=1}^{n}\sum_{j=1,j\neq i}^{n}\rho_{ij}x_i x_j\right)$$

$$\text{s.t.} \sum_{i\in N_j}x_i = q_j, \quad i=1,2,\cdots,h \tag{4.37}$$

$$x_i \in \{0,1\}, \quad i=1,2,\cdots,n$$

其中，$\sum_{j=1}^{h}q_j = q$。Z_1 表示个体表现值；Z_2 表示协同表现值；φ_i 表示候选价值模块 P_i 的个体表现信息；x_i 表示 P_i 的选择变量；ρ_{ij} 表示候选价值模块 P_i 和 P_j 之间的协同表现信息；q_j 表示第 j 个价值子群中被选择的价值模块个数。

2)价值交付算法流程

步骤 1　针对制造与服务融合数据预处理，随机产生初始种群 P_0（元素 M 个）和外部群体 Q_0（元素 0 个）。设定初始进化代数 $t=0$、最大进化代数 $t_{\max}$、交叉概率 P_c、变异概率 P_m。采用 0-1 编码对协同制造服务价值交付的状态进行编码。

步骤 2　结合目标函数 $\max\left(Z_1\right)$ 和 $\max\left(Z_2\right)$，确定内部种群 P_t 和附属种群 Q_t 的适应度。

步骤 3　如果 $Q_{t+1} > M$，则修剪 Q_{t+1}，否则，将内部种群 P_t 和附属种群 Q_t 中受支配的解加入到 Q_{t+1} 中。

步骤 4　如果 $t > t_{\max}$，则算法终止，输出 Q_{t+1} 中的 Pareto 最优解，否则，继续迭代。

步骤 5　对于 Q_{t+1}，以替代二元锦标赛方法选择个体进入交配池中。

步骤 6　对交配池中的个体采用交叉概率和变异概率进行交叉和变异操作，产生新生代，$t = t + 1$。返回步骤 6。

步骤 7　在商业生态系统中，平台根据制造服务价值交付的任务需求和决策偏好，选择不同的组合，完成价值链上的制造服务价值创造。

4.4　制造与服务横向融合的价值分配策略

制造与服务横向融合在价值链维度实现价值创造与价值分配，其中价值分配是服务企业、制造企业、终端用户在价值链活动中针对各自的价值主张来设计利润分配模式。服务企业以服务价值为对象，从服务能力、产品能力、管理能力等方面来分配价值；制造企业以产品价值为对象，从产品竞争、服务融合、顾客体验等方面来分配价值；终端用户以顾客价值为对象，从顾客支付、服务利润、产品利润等方面来分配价值。

4.4.1　面向服务企业的横向融合价值分配策略

服务企业在制造与服务横向融合的价值创造过程中提供了生产性服务与制造服务化的服务业务，一方面支持制造企业生产产品，另一方面协助制造企业产品服务化，两方面创造了服务价值，以此来分配制造服务价值。服务企业的利润来自于服务创新，服务能力是核心竞争力，服务企业要提供支撑服务的产品。

1. 价值链上服务企业的服务价值

从价值链角度分析制造与服务横向融合，面向服务企业的价值分配围绕各类服务价值的生态位、贡献程度、服务水平等因素确定利益分配比例，以此来规范企业管理、激励服务创新、增加服务价值。价值链上服务企业的服务价值如表 4.4 所示。

表 4.4　价值链上服务企业的服务价值

序号	服务价值	价值属性	描述
1	服务能力价值	服务规划能力	服务设计与资源配置
		服务操作人员	服务实施人员能力
		服务技术支持	服务专业知识与成熟度

续表

序号	服务价值	价值属性	描述
2	生产能力价值	承担服务产品质量	服务所用产品的性价比
		承担服务产品材料	服务所用产品的材料等级
		承担服务产品生产	服务所用产品的制造技术
3	管理能力价值	服务过程控制	服务实施的现场管理
		服务人员调度	服务实施的任务分配
		服务成本核算	服务实施的财务管理

(1)服务能力价值是服务企业通过服务需求分析设计服务并实施服务的价值，是服务进入市场的关键因素。服务能力价值主要包括服务规划能力、服务操作人员、服务技术支持等属性，通过制造与服务融合，实现价值增值。在商业生态系统中服务企业研发服务功能，设计服务流程，与产品结合提供给终端用户制造服务，就是服务能力价值。

(2)生产能力价值是制造企业通过产品需求分析设计产品并生产产品的价值，是制造服务化的基础。产品利润价值主要包括承担服务产品质量、承担服务产品材料、承担服务产品生产等属性，通过制造与服务融合，实现价值增值。在商业生态系统中制造企业设计符合服务要求的产品，与服务结合提供给终端用户制造服务，就是生产能力价值。

(3)管理能力价值是服务企业通过计划与控制方法确保服务执行的价值，是对服务有效实施的重要保障。管理能力价值主要包括服务过程控制、服务人员调度、服务成本核算等属性，通过管理制造与服务融合，实现价值增值。在商业生态系统中服务企业设计服务方案、监控服务实施、核算服务成本等，就是管理能力价值。

2. 商业生态系统中服务企业的服务价值分配建模

在商业生态系统中，服务企业、制造企业、终端用户等制造服务主体具有各自的价值主张，并在市场竞争环境下根据制造与服务横向融合的价值链来动态调整制造服务价值。服务企业以服务价值为主，将各类服务价值主张分为服务能力价值、生产能力价值、管理能力价值等，针对制造与服务横向融合中的服务业务，以服务能力为目标构建价值模型，并制定服务能力规则，来确定服务能力价值；针对制造与服务横向融合中的生产业务，以生产能力为目标构建价值模型，并制定生产能力规则，来确定生产能力价值；针对制造与服务横向融合中的管理业务，以管理能力为目标构建价值模型，并制定管理能力规则，来确定管理能力价值。商业生态系统中服务企业的服务价值分配模型如图 4.7 所示。

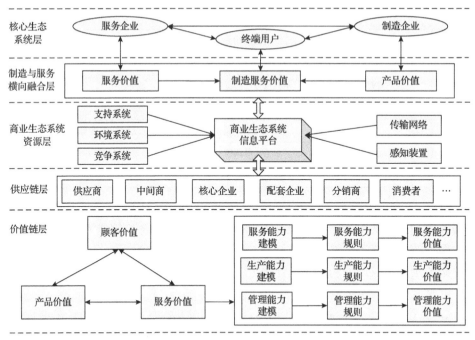

图 4.7　商业生态系统中服务企业的服务价值分配模型

服务价值分配根据服务企业的服务能力价值、生产能力价值、管理能力价值来分配服务活动创造的价值，制造与服务横向融合中，产品融合服务创造了更多利润。在服务价值分配中，根据服务业务、生产业务、管理业务的权重设计价值分配比例，同时考虑技术因素、核心竞争力、企业间协同等方面的影响。服务企业的服务运作通过与制造企业的产品服务化协作来实现，具体的价值分配需要根据制造与服务横向融合的贡献程度来综合衡量。

3. 服务企业的服务价值分配算法

在制造与服务横向融合过程中，服务企业提供的服务与产品生成服务价值，服务价值包含生产能力与服务能力两部分，各自的价值主张有差异。商业生态系统中的生产与服务关系复杂，为了便于分析，以两类产品与服务融合为例来讨论服务价值分配问题，其余情况可以在此基础上进行推广。服务企业的服务价值分配问题描述如下。

服务企业将两种产品储存在库存中，有两类终端用户到制造服务平台等待服务，每个服务订单需要一个产品，平台响应服务订单后，对产品能力和服务能力对应的价值进行分配。

假设两类服务订单的到达过程服从泊松分布，到达率为 λ_1、λ_2；产品 i 的生产时间服从指数分布，均值为 $1/\mu_i$；产品 i 单位时间的库存成本为 h_i；第 i 类订单需要一个单位的产品 i ，服务时间服从指数分布，均值为 $1/\gamma_i$ ，服务完的订单结束，库存减 1。等待队列中第 i 类订单单位时间的等待成本为 b_i ，产品 i 的库存价值为 x_i ，第 i 类订单的数量价值为 y_i 。假设 $\gamma_1(h_1+b_1)>\gamma_2(h_2+b_2)$ ，记 $x=(x_1,x_2,y_1,y_2)$ 。

1）服务价值分配算法定义

服务价值的分配是将制造与服务横向融合过程中服务企业主张的价值进行分配，主要考虑生产能力分配和服务能力分配，以最简单的两类服务订单来阐述。服务价值分配策略是对制造服务系统的生产能力分配规则与服务能力分配规则进行协同。服务价值分配算法的相关定义如下。

定义 4.14　服务能力分配规则 H 。

如果 $\gamma_1(h_1+b_1)>\gamma_2(h_2+b_2)$ ，则服务能力规则 H 如下。

当 $x_1y_1>0$ 时，服务订单 1；

当 $x_1y_1=0$ 、 $x_2y_2>0$ 时，服务订单 2；

当 $x_1y_1=x$ 、 $y_2=0$ 时，停止服务。

定义 4.15　生产能力分配规则 H_1 。

当 $x_1\geqslant s_1$ 、 $x_2\geqslant s_2$ 时，停止生产（ s_i 表示产品 i 的库存价值阈值）；

当 $x_1<s_1$ 时，生产产品 1；

当 $x_1\geqslant s_1$ 、 $x_2<s_2$ 时，生产产品 2。

定义 4.16　服务价值的马尔可夫模型。

假设制造服务价值系统中所有子价值的取值有限，最大值分别为 M_1 、 M_2 、 M_3 、 M_4 ，则系统价值空间大小为 $M=(M_1+1)(M_2+1)(M_3+1)(M_4+1)$ ，一维情形下系统转移矩阵为 $Q_{M\times M}$ ，价值 x 到价值 x' 的转移率为 $q(x\to x')$ ，基于生产能力和服务能力协同的分配规则 H_1H ，制造服务价值系统的价值转移率为

$$\begin{cases} q(x\to x+e_3)=\lambda_1, & y_1\leqslant M_3 \\ q(x\to x+e_4)=\lambda_2, & y_2\leqslant M_4 \\ q(x\to x+e_1)=\mu_1, & x_1<s_1 \\ q(x\to x+e_2)=\mu_2, & x_1\geqslant s_1,x_2<s_2 \\ q(x\to x-e_1-e_3)=\gamma_1, & \gamma_1(h_1+b_1)>\gamma_2(h_2+b_2),x_1y_1>0 \\ q(x\to x-e_1-e_3)=\gamma_2, & \gamma_1(h_1+b_1)>\gamma_2(h_2+b_2),x_1y_1=0,x_2y_2>0 \\ q(x\to x-e_2-e_4)=\gamma_2, & \gamma_1(h_1+b_1)>\gamma_2(h_2+b_2),x_2y_2>0 \\ q(x\to x-e_2-e_4)=\gamma_1, & \gamma_1(h_1+b_1)>\gamma_2(h_2+b_2),x_2y_2=0,x_1y_1>0 \end{cases} \tag{4.38}$$

其中， $s_i(i=1,2)$ 表示产品 i 的库存价值， $e_1=(1,0,0,0)$ ， $e_2=(0,1,0,0)$ ， $e_3=$

$(0,0,1,0)$，$e_4=(0,0,0,1)$。令 $e=(1,1,1,1)$。

2) 服务企业服务价值分配算法流程

步骤 1 将四维服务价值向量 $X=(x_1,x_2,y_1,y_2)$ 分为两个二维的分向量 $x=(x_1,x_2)$ 和 $y=(y_1,y_2)$。

$x=(x_1,x_2):(0,0),(0,1)(0,2),\cdots,(0,M_2),(1,0),(1,1)(1,2),\cdots,(1,M_2);\cdots;(M_1,0),(M_1,1)(M_1,2),\cdots,(M_1,M_2)$

$y=(y_1,y_2):(0,0),(0,1)(0,2),\cdots,(0,M_4),(1,0),(1,1)(1,2),\cdots,(1,M_4);\cdots;(M_3,0),(M_3,1)(M_3,2),\cdots,(M_3,M_4)$

步骤 2 确定服务价值位置函数 $p=\text{position}(x_1,x_2,y_1,y_2)$，先将马尔可夫链价值空间分为两部分，再分别建立，最后综合而成。

$\text{position}1(x_1,x_2)$：价值 (x_1,x_2) 与位置 p_1 之间的关系为 $p_1=x_1(M_2+1)+x_2+1$。

$\text{position}2(y_1,y_2)$：价值 (y_1,y_2) 与位置 p_2 之间的关系为 $p_2=y_1(M_4+1)+y_2+1$。

$\text{position}(x_1,x_2,y_1,y_2)$：当位置 p_1 变动 1 时，价值空间的位置变动为 $(M_3+1)\times(M_4+1)$，则 $p=(p_1-1)[(M_3+1)(M_4+1)]+p_2$。

因此，服务价值位置函数为

$$p=\left[x_1(M_2+1)+x_2\right]\left[(M_3+1)(M_4+1)\right]+y_1(M_4+1)+y_2+1 \qquad (4.39)$$

步骤3 确定服务价值系统的价值转移率矩阵 $T_{M\times M}$。

初始化 $T_{M\times M}$。针对矩阵的各个非零元素，计算各个价值转移率。一般根据需求到达、服务完成等因素的位置函数来计算。

步骤4 确定服务价值系统的价值转移概率矩阵 $Q_{M\times M}$，系统的整体转移率取 α。

计算 $T'_{M\times M}$：将 $T_{M\times M}$ 中所有对角线元素的值替换为 α 减去该行所有元素之和。价值转移概率矩阵为

$$Q_{M\times M}=\frac{T'_{M\times M}}{\alpha} \qquad (4.40)$$

步骤5 确定服务价值系统的价值函数 $(x_1,x_2,y_1,y_2)=\text{value}(p)$。

若 $(M_3+1)(M_4+1)$ 整除 p，则 $p_1=\dfrac{p}{(M_3+1)(M_4+1)}$，$p_2=(M_3+1)(M_4+1)$；

否则，$p_1=\dfrac{p}{(M_3+1)(M_4+1)}+1$，$p_2=p-(p_1-1)\left[(M_3+1)(M_4+1)\right]$。

若 M_2+1 整除 p_1，则 $x_1=\dfrac{p_1}{M_2+1}-1$；否则，$x_1=\dfrac{p_1}{M_2+1}$，$x_2=p_1-x_1(M_2+1)-1$。

若 M_4+1 整除 p_2，则 $y_1=\dfrac{p_2}{M_4+1}-1$；否则，$y_1=\dfrac{p_2}{M_4+1}$，$y_2=p_2-y_1(M_4+1)-1$。

因此，位置 p 所对应的价值 (x_1,x_2,y_1,y_2) 为

$$\text{value}(p)=\big(\text{value1}(p),\text{value2}(p),\text{value3}(p),\text{value4}(p)\big) \tag{4.41}$$

步骤 6　以马尔可夫决策过程求解 H_1H 策略下对应的动态规划方程。

H_1H 策略下对应的动态规划方程为

$$T^{H_1H}J(x)=c(x)+\lambda_1J(x+e_3)+\lambda_2J(x+e_4)+T_{\text{p}}^{H_1}J(x)+T_{\text{s}}^{H}J(x) \tag{4.42}$$

其中，服务算子 $T_{\text{s}}^{H}J(x)$ 和生产算子 $T_{\text{p}}^{H_1}J(x)$ 分别为

$$T_{\text{s}}^{H}J(x_1,x_2)=\begin{cases}(\gamma_1+\gamma_2)J(x), & x_1y_1=x_2y_2=0\\ \gamma_1J(x-e_1-e_3)+\gamma_2J(x), & x_1y_1>0\\ \gamma_2J(x-e_2-e_4)+\gamma_1J(x), & x_1y_1=0,x_2y_2>0\end{cases} \tag{4.43}$$

$$T_{\text{p}}^{H_1}J(x_1,x_2)=\begin{cases}(\mu_1+\mu_2)J(x), & x_1\geqslant s_1,x_2\geqslant s_2\\ \mu_1J(x+e_1)+\mu_2J(x), & x_1<s_1\\ \mu_2J(x+e_2)+\mu_1J(x), & x_1\geqslant s_1,x_2<s_2\end{cases} \tag{4.44}$$

H_1H 策略下最优基本库存价值为求解

$$\min_{s_1,s_2}T^{H_1H}J(x) \tag{4.45}$$

获得库存价值 s_1、s_2 的最优值 s_1^*、s_2^*。

步骤 7　讨论服务价值的主要性能，可以结合具体案例分析。

有效性：该策略服务价值的误差在适用范围之内，但不是最优算法。有效性较好，可以进一步优化。

稳健性：该策略服务价值具有较强的稳健性，主要是固定最优基本库存控制了产品库存，影响到成本、生产能力等参数。

单调性：该策略服务价值与 λ_1、λ_2、h_1、h_2、b_1、b_2 成正比，与 μ_1、μ_2、

γ_1、γ_2 成反比。

4.4.2 面向制造企业的横向融合价值分配策略

制造企业在制造与服务横向融合的价值创造过程中提供了生产性服务与制造服务化的产品业务，一方面支持服务企业实施服务，另一方面生产制造企业产品，两方面创造了产品价值，以此来分配制造服务价值。制造企业利润来自产品技术，产品竞争是核心任务，并要与服务融合实现制造服务化，通过产品服务系统满足顾客体验的评价要求，这些因素构成了产品价值，参与制造服务价值分配。

1. 价值链上制造企业的产品价值

从价值链角度分析制造与服务横向融合，面向制造企业的价值分配围绕各类产品价值的生态位、贡献程度、产品质量等因素确定利益分配比例，以此来规范生产管理、激励技术创新、增加产品价值。价值链上制造企业的产品价值如表 4.5 所示。

表 4.5　价值链上制造企业的产品价值

序号	产品价值	价值属性	描述
1	产品竞争价值	产品核心技术	产品制造涉及的技术先进性
		产品竞争优势	与同类产品比较的特色与品质
		产品竞争劣势	与同类产品比较的不足与缺陷
2	服务融合价值	产品服务化程度	服务要素所占比例
		产品服务化功能	服务要素满足客户需求的功能
		产品服务化流程	服务要素实施过程
3	顾客体验价值	顾客满意度	顾客对制造服务体验的满意程度
		顾客体验产品评价	产品要素获得顾客的认可程度
		顾客体验服务评价	服务要素获得顾客的认可程度

(1)产品竞争价值是制造企业通过与同类企业的竞争分析确定的产品战略价值，是产品是否制造的关键内容。产品竞争价值主要包括产品核心技术、产品竞争优势、产品竞争劣势等属性，通过产品竞争分析，实现价值主张。在商业生态系统中制造企业评估产品生产的利弊，结合企业技术储备与各类资源，确定产品开发的可行性决策，就是产品竞争价值。

(2)服务融合价值是制造企业通过将服务要素融于产品来满足客户需求的价值，是制造与服务融合的核心内容。服务融合价值主要包括产品服务化程度、产品服务化功能、产品服务化流程等属性，通过产品价值与服务价值融合，实现价值增值。在商业生态系统中制造企业围绕产品规划服务，改变商业模式，提高产品竞争力，就是服务融合价值。

(3)顾客体验价值是制造企业通过收集顾客使用制造服务的反馈来改善产品与服务的价值，是制造与服务融合的效果评估。顾客体验价值主要包括顾客满意度、顾客体验产品评价、顾客体验服务评价等属性，通过企业与顾客的制造服务体验，实现价值交付。在商业生态系统中制造企业与终端用户针对制造服务水平互动，持续改进制造服务，就是顾客体验价值。

2. 商业生态系统中制造企业的产品价值分配建模

在商业生态系统中，服务企业、制造企业、终端用户等制造服务主体具有各自的价值主张，并在市场竞争环境下根据制造与服务横向融合的价值链来动态调整制造服务价值。制造企业以产品价值为主，将各类产品价值主张分为产品竞争价值、服务融合价值、顾客体验价值等，针对制造与服务横向融合中的产品质量，以产品竞争为目标构建价值模型，并制定产品竞争规则，来确定产品竞争价值；针对制造与服务横向融合中的服务增强，以服务融合为目标构建价值模型，并制定服务融合规则，来确定服务融合价值；针对制造与服务横向融合中的产品使用，以顾客体验为目标构建价值模型，并制定顾客体验规则，来确定顾客体验价值。商业生态系统中制造企业的产品价值分配模型如图 4.8 所示。

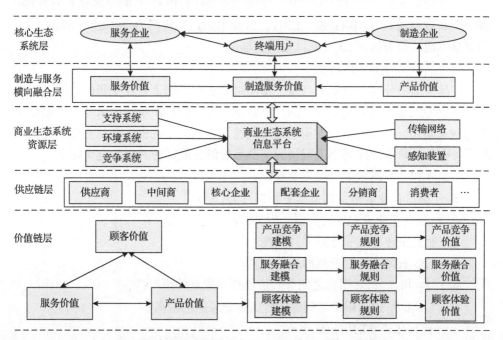

图 4.8　商业生态系统中制造企业的产品价值分配模型

产品价值分配根据制造企业相关的产品竞争价值、服务融合价值、顾客体验价值来分配生产活动创造的价值，制造与服务横向融合中，产品服务一体化创造了更多利润。在产品价值分配中，根据产品生产、服务增强、顾客使用的权重设计价值分配比例，同时考虑商业生态、价值链定位、企业间协同等方面的影响。制造企业的产品生产通过与服务企业提供生产性服务协作来实现，具体的价值分配需要根据制造与服务横向融合的贡献程度来综合衡量。

3. 制造企业的产品价值分配算法

在制造与服务横向融合过程中，制造企业提供的产品生成产品价值，而在制造服务化之后产品价值也包含产品服务价值，在制造与服务横向融合中服务价值与产品价值的关系越来越复杂。为了便于分析，以两家具有竞争关系的制造企业为例来讨论产品价值分配问题，其余情况可以在此基础上进行推广。制造企业的产品价值分配问题描述如下。

假设制造企业 A 只提供产品，行动集为价格选择；制造企业 B 实施服务差异化进行制造与服务的融合，行动集为价格选择和位置选择。制造企业 A 为参考，移动距离设为零，制造企业 B 实施服务化，并正向移动。根据差异化模型来探讨两个制造企业的产品价值分配。

假设制造企业 A 在原点 $x_A^* = 0$，行动集为选择价格 P_A。制造企业 B 服务化，逐渐向右侧移动(一般取右侧为正向)，行动集为选择价格 P_B 和服务化程度 x_B^*。当 B 移动时，服务区间 $(B_L - B_H)$ 也向右移动。

1)产品价值分配算法定义

产品价值的分配是将制造与服务横向融合过程中制造企业主张的价值进行分配，主要考虑服务差异化情况下的产品价值分配，以最简单的两家竞争的制造企业为例来阐述。产品价值分配策略是对制造服务系统中的提供产品企业与提供产品服务企业的价值分配规则进行协同，产品价值分配算法的相关定义如下。

定义 4.17 产品价值分配主要参数。

B_L：制造企业 B 提供的低服务附加产品；

B_H：制造企业 B 提供的高服务附加产品；

T：制造企业 B 的服务差异化程度；

B_2：B_H 右侧边际用户到原点的距离；

B_1：B_L 和 B_H 边际用户之间等效价值点到原点的距离；

B_0：A 和 B_L 边际用户之间等效价值点到原点的距离；

m：差异化移动的单位成本；

C_A：制造企业 A 的边际生产成本；

C_{BL}：制造企业 B 提供 B_L 的边际生产成本；

C_{BH}：制造企业 B 提供 B_H 的边际生产成本。

定义 4.18　产品价值分配主要假设。

(1) 系统未被完全覆盖。

(2) 制造企业 B 提供两种产品将区间 L 完全覆盖。B_1 为 B_H 和 B_L 之间的等效价值点。B 的低服务附加产品覆盖 B_L 和 B_1 之间；B 的高服务附加产品覆盖 B_1 和 B_H 之间。

定义 4.19　产品价值的服务差异化模型。

在区间 L，商业生态系统协调服务企业、制造企业、终端用户之间的价值链，假设系统仅包含高服务附加产品 B_H 和低服务附加产品 B_L：

$$\begin{cases} U_{BLR}\left(x,T-L\right)=u-\left|x-(T-L)\right|-P_{BL} \\ U_{BHL}\left(x,T\right)=u-\left|T-x\right|-P_{BH} \\ U_{BLR}\left(x,T-L\right)=U_{BHL}\left(x,T\right) \end{cases} \tag{4.46}$$

其中，x 表示用户的地址（$x\in(0,1)$）；T 表示产品差异化程度；P 表示在 x^* 处的产品价格，x^* 表示制造企业的位置，P_{BL} 为制造企业位置溢出区间时提供低服务附加产品的价格，P_{BH} 为制造企业位置在区间内时提供高服务附加产品的价格；u 表示用户价值；U 表示等效价值，U_{BLR} 为制造企业位置溢出区间时提供低服务附加产品的等效价值，U_{BHL} 为制造企业位置在区间内时提供高服务附加产品的等效价值，$U\left(x,x^*\right)=u-\left|x-x^*\right|-P$。

解得

$$B_1=\frac{2T-P_{BL}+P_{BH}-L}{2} \tag{4.47}$$

2) 制造企业产品价值分配算法流程

步骤 1　在制造企业 B 与制造企业 A 无竞争关系的情况下，制造企业 B 的产品价值为

$$U_{BLL}\left(x,T-L\right)=u-\left|T-L-x\right|-P_{BL}=0 \tag{4.48}$$

步骤 2　确定产品价值差异化程度 T。假设

$$B_0=P_{BL}-u+T-L \tag{4.49}$$

B_H 的需求为

$$D_{BH}=B_2-B_1=\frac{2u-3P_{BH}+P_{BL}+L}{2} \tag{4.50}$$

B_L 的需求为

$$D_{BL} = B_1 - B_0 = \frac{2u - 3P_{BL} + P_{BH} + L}{2} \tag{4.51}$$

A 的需求为

$$D_A = B_0 \left(P_A - C_A \right) = \left(P_{BL} - u + T - L \right) \left(P_A - C_A \right) \tag{4.52}$$

因此，产品价差异化程度 T 为

$$T = 2u - P_{BL} - P_A + L \tag{4.53}$$

步骤 3 确定制造企业 B 的利润函数:

$$\theta_B \left(P_{BL}, P_{BH}, T \right) = D_{BH} \left(P_{BH} - C_{BH} \right) + D_{BL} \left(P_{BL} - C_{BL} \right) - mT \tag{4.54}$$

同时，确定制造企业 A 的利润函数:

$$\theta_A \left(P_A, T \right) = P_A \left(u + c - P_A \right) \tag{4.55}$$

将利润函数 $\theta_B \left(P_{BL}, P_{BH}, T \right)$ 对 P_{BL}、 P_{BH} 求偏导数，利润函数 $\theta_A \left(P_A, T \right)$ 对 P_A 求偏导数:

$$\frac{\partial \theta_B}{\partial P_{BL}} = u - 3P_{BL} + P_{BH} + \frac{L}{2} - \frac{C_{BH}}{2} + \frac{3C_{BL}}{2} + m \tag{4.56}$$

$$\frac{\partial \theta_B}{\partial P_{BH}} = u - 3P_{BH} + P_{BL} + \frac{L}{2} - \frac{C_{BL}}{2} + \frac{3C_{BH}}{2} \tag{4.57}$$

$$\frac{\partial \theta_A}{\partial P_A} = u + c - 2P_A \tag{4.58}$$

步骤 4 确定 P_{BL}、 P_{BH}、 P_A。

令步骤 3 中的偏导数值为零，求解方程组获得

$$P_{BL} = \frac{L}{4} + \frac{u}{2} + \frac{C_{BL}}{2} + \frac{3m}{8} \tag{4.59}$$

$$P_{BH} = \frac{L}{4} + \frac{u}{2} + \frac{C_{BH}}{2} + \frac{m}{8} \tag{4.60}$$

$$P_A = \frac{u + C_A}{2} \tag{4.61}$$

步骤 5　确定产品价值的最大差异化程度 $T_{\max}$。根据

$$B_1 = \frac{2T - P_{\text{BL}} + P_{\text{BH}} - L}{2} \tag{4.62}$$

解得

$$T_{\max} = u + \frac{3L}{4} - \frac{C_{\text{BH}}}{2} + \frac{C_{\text{A}}}{2} - \frac{m}{8} \tag{4.63}$$

步骤 6　当 $T_{\max} > T_0$ 时，制造企业的最佳差异化程度取 $T_{\max}$；反之，制造企业无须进行差异化移动。

步骤 7　若 $T_{\max} > T_0$，则通过服务价值可以缓和竞争，制造企业的产品价值与价值差异化程度成正比，并向 $T_{\max}$ 靠近。

4.4.3　面向终端用户的横向融合价值分配策略

终端用户在制造与服务横向融合的价值创造过程中提供了生产性服务与制造服务化的订单业务，一方面支付服务企业的服务订单，另一方面支付制造企业的产品订单，两方面创造了顾客价值，以此来分配制造服务价值。终端用户价值来自于制造服务订单，顾客支付是订单业务的核心步骤，以此来完成产品与服务的价值转移，终端用户在使用产品服务系统中获得产品价值与服务价值，同时为服务企业支付服务利润，为制造企业支付产品利润，这些因素构成顾客价值，参与制造服务价值分配。

1. 价值链上终端用户的顾客价值

从价值链角度分析制造与服务横向融合，面向终端用户的价值分配围绕各类顾客价值的生态位、贡献程度、支付水平等因素确定利益分配比例，以此来规范顾客管理，激励顾客消费，增加顾客价值。价值链上终端用户的顾客价值如表 4.6 所示。

表 4.6　价值链上终端用户的顾客价值

序号	服务价值	价值属性	描述
1	顾客支付价值	订单价值	顾客实际支付的货币数额
		产品价格	产品出厂价格
		服务价格	服务合同价格
2	产品利润价值	产品质量	产品品牌与口碑
		产品成本	产品设计制造总成本
		产品交易额	订单产品交付数额

续表

序号	服务价值	价值属性	描述
3	服务利润价值	服务水平	服务满意度与信誉
		服务成本	服务规划实施总成本
		服务次数	订单服务项目完成数额

(1)顾客支付价值是终端用户支付给服务企业与制造企业货币而获得的制造服务的价值，是完成商品流通的重要内容。顾客支付价值主要包括订单价值、产品价格、服务价格等属性，通过制造服务订单交换货币价值与使用价值，实现价值传递。在商业生态系统中终端用户消费，服务企业与制造企业生产，各自价值主张获得体现，并且促进了价值链的价值流实现。

(2)产品利润价值是制造企业通过提供产品要素获取的终端用户支付货币对应的价值，是产品进入市场的关键内容。产品利润价值主要包括产品质量、产品成本、产品交易额等属性，通过制造服务订单交换货币价值与产品价值，实现价值传递。在商业生态系统中制造企业生产产品，交付给终端用户，从而获得高于产品成本的价值，就是产品利润价值。

(3)服务利润价值是服务企业通过提供服务要素获取的终端用户支付货币对应的价值，是制造服务化过程的重要内容。服务利润价值主要包括服务水平、服务成本、服务次数等属性，通过制造服务订单交换货币价值与服务价值，实现价值传递。在商业生态系统中服务企业实施服务，交付给终端用户，从而获得高于服务成本的价值，就是服务利润价值。

2. 商业生态系统中终端用户的顾客价值分配建模

在商业生态系统中，服务企业、制造企业、终端用户等制造服务主体具有各自的价值主张，并在市场竞争环境下根据制造与服务横向融合的价值链来动态调整制造服务价值。终端用户以顾客价值为主，将各类服务价值主张分为顾客支付价值、产品利润价值、服务利润价值等，针对制造与服务横向融合中的交易业务，以顾客支付为目标构建价值模型，并制定顾客支付规则，来确定顾客支付价值；针对制造与服务横向融合中的产品交易，以产品利润为目标构建价值模型，并制定产品利润规则，来确定产品利润价值；针对制造与服务横向融合中的服务交易，以服务利润为目标构建价值模型，并制定服务利润规则，来确定服务利润价值。商业生态系统中终端用户的顾客价值分配模型如图 4.9 所示。

顾客价值分配以终端用户的顾客支付价值、产品利润价值、服务利润价值来分配交易活动创造的价值，制造与服务横向融合中，产品服务系统创造了更多利润。在顾客价值分配中，根据支付过程、产品销售、服务实施的权重设计价值分

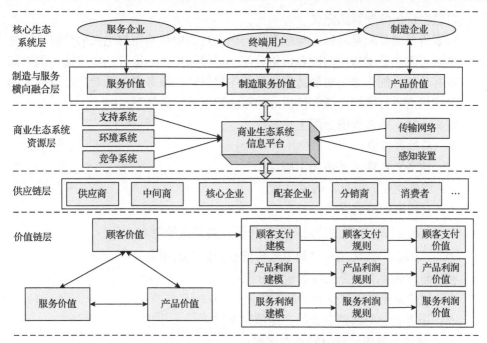

核心生态系统层

制造与服务横向融合层

商业生态系统资源层

供应链层

价值链层

图 4.9　商业生态系统中终端用户的顾客价值分配模型

配比例,同时考虑市场因素、产品性能、服务质量等方面影响。终端用户的交易订单通过制造服务平台来实现,具体的价值分配需要根据制造与服务横向融合的贡献程度来综合衡量。

3. 终端用户的顾客价值分配算法

在制造与服务横向融合过程中,终端用户支付顾客价值,购买产品与服务,而制造企业与服务企业参与分配顾客价值。在商业生态系统中,以产品与服务价格来衡量顾客价值,终端用户、制造企业、服务企业围绕顾客价值进行市场交易,终端用户的顾客价值与制造企业提供的产品和服务一一对应,并通过平台来管理。为了便于分析,考虑两级供应链,制造企业提供产品和服务,服务企业作为分销商销售产品和服务,制造服务平台管理产品和服务的直销,以此为例来讨论顾客价值分配问题,其余情况可以在此基础上进行推广。终端用户的顾客价值分配问题描述如下。

假设制造企业向服务企业提供产品与服务清单,分配顾客价值,支付价值预定,服务企业确定最优价值。当服务企业需求变化时,制造企业调整参数,重新分配价值并确定支付。重新分配顾客价值过程中要进行补偿支付,确保服务企业获利。因此,分配顾客价值时制造企业首先需要确定最终价值计划,然后更新需求,重新确定价值分配和补偿支付。

1)顾客价值分配算法定义

顾客价值的分配是将制造与服务横向融合过程中终端用户主张的价值进行分配,主要考虑产品销售中的顾客价值分配,以最简单的二级分销供应链为例来阐述。顾客价值分配策略是对制造服务系统中提供产品服务者与消费产品服务者的价值分配规则进行协同。顾客价值分配算法的相关定义如下。

定义 4.20 顾客价值分配主要参数。

k:总顾客价值;

ρ:服务企业需求的市场不确定性;

ε:服务企业的信息,确定已知;

τ:直销市场不确定性;

D^Z:B_L 和 B_H 边际用户之间等效价值点到原点的距离;

D^F:A 和 B_L 边际用户之间等效价值点到原点的距离;

γ:制造企业对服务企业的价值分配比例;

h:制造企业对服务企业分配的价值,$h = k\gamma$;

P:服务企业对制造企业的产能预定支付;

c_k:制造企业单位价值的建立成本;

c:制造企业单位产品或服务的生产成本;

z:制造企业在直销市场出售产品和服务的价格;

r:服务企业销售产品或服务的价格;

w:制造企业为服务企业提供产品或服务的价格。

定义 4.21 顾客价值分配主要假设。

制造企业价值计划与分配是单周期决策,服务企业只能从制造企业采购产品与服务。

仅考虑制造企业、服务企业、直销市场,直销市场价格高于服务企业价格。

定义 4.22 顾客价值的利润模型。

假设服务企业销售产品或服务的价格为 $r > 0$,并且 $r > c + c_k$;制造企业为服务企业提供的价格为 $w \in [c + c_k, r]$;在直销市场上出售产品和服务的价格为 $z > c + c_k$,并且 $z < r$。

顾客价值的制造企业利润 θ_S、服务企业利润 θ_D、平台总利润 θ_T 表示为

$$\theta_S = (w - c)E\big[\min(\varepsilon + \rho, k\gamma)\big] + (z - c)E\big[\min(\tau, k(1 - \gamma))\big] - c_k k \quad (4.64)$$

$$\theta_D = (r - w)E\big[\min(\varepsilon + \rho, k\gamma)\big] \quad (4.65)$$

$$\theta_T = (r - c)E\big[\min(\varepsilon + \rho, k\gamma)\big] + (z - c)E\big[\min(\tau, k(1 - \gamma))\big] - c_k k \quad (4.66)$$

其中，期望 E 是关于 ρ 或 τ 的函数。

2) 终端用户顾客价值分配算法流程

步骤 1　在商业生态系统的价值交换过程中，终端用户将顾客价值委托制造服务平台与制造企业来实现，制造服务平台先制定顾客价值计划。

制造企业的顾客价值解集为 $\{k(\varepsilon),\gamma,P(\varepsilon)\}$，$k(\varepsilon)$ 表示总顾客价值，γ 表示价值分配比例，$P(\varepsilon)$ 表示预定支付。平台收到制造企业的合同菜单 $\{h(\varepsilon),P(\varepsilon)\}$，服务企业选择最优合同 $\{h(\hat{\varepsilon}),P(\hat{\varepsilon})\}$，制造企业以此提取服务企业需求信息 $\hat{\varepsilon}$，确定最优顾客价值 $k(\hat{\varepsilon})$、价值预定支付 $P_0 = P(\hat{\varepsilon})$、初始分配价值 $h_0 = k(\hat{\varepsilon})\gamma_0$。

步骤 2　制造服务平台对顾客价值再分配。

更新所有需求信息，平台根据总顾客价值 k、服务企业新需求 d^{F}、直销市场新需求 d^{Z}，确定制造企业最优顾客价值预定支付 P^* 和分配比例 γ^*。

步骤 3　制造企业确定顾客价值计划。

制造企业设计解集 $\{k(\varepsilon),\gamma,P(\varepsilon)\}$，服务企业选择合同 $\{h(\hat{\varepsilon}),P(\hat{\varepsilon})\}$，制造企业利润 $\theta_{\mathrm{S}}\big(k(\hat{\varepsilon}),\gamma,P(\hat{\varepsilon}),\varepsilon\big)$、服务企业利润 $\theta_{\mathrm{D}}\big(k(\hat{\varepsilon}),\gamma,P(\hat{\varepsilon}),\varepsilon\big)$、平台总利润 $\theta_{\mathrm{T}}\big(k(\hat{\varepsilon}),\gamma,\varepsilon\big)$ 分别表示为

$$\begin{aligned}
\theta_{\mathrm{S}}\big(k(\hat{\varepsilon}),\gamma,P(\hat{\varepsilon}),\varepsilon\big) =\ & (w-c)E\big[\min\big(\varepsilon+\rho,k(\hat{\varepsilon})\gamma\big)\big] \\
& + (z-c)E\big[\min\big(\tau,k(\hat{\varepsilon})(1-\gamma)\big)\big] + P(\hat{\varepsilon}) - c_k k(\hat{\varepsilon})
\end{aligned} \tag{4.67}$$

$$\theta_{\mathrm{D}}\big(k(\hat{\varepsilon}),\gamma,P(\hat{\varepsilon}),\varepsilon\big) = (r-w)E\big[\min\big(\varepsilon+\rho,k(\hat{\varepsilon})\gamma\big)\big] - P(\hat{\varepsilon}) \tag{4.68}$$

$$\begin{aligned}
\theta_{\mathrm{T}}\big(k(\hat{\varepsilon}),\gamma,\varepsilon\big) =\ & (r-c)E\big[\min\big(\varepsilon+\rho,k(\hat{\varepsilon})\gamma\big)\big] \\
& + (z-c)E\big[\min\big(\tau,k(\hat{\varepsilon})(1-\gamma)\big)\big] - c_k k(\hat{\varepsilon})
\end{aligned} \tag{4.69}$$

其中，期望 E 是关于 ρ 或 τ 的函数。

制造企业的价值计划问题为

$$\max_{k,\gamma}\ E\big[\theta_{\mathrm{S}}\big(k(\varepsilon),\gamma,P(\varepsilon),\varepsilon\big)\big]$$

$$\mathrm{s.t.}\ \ \mathrm{IC}: \theta_{\mathrm{D}}\big(k(\varepsilon),\gamma,P(\varepsilon),\varepsilon\big) \geqslant \theta_{\mathrm{D}}\big(k(\hat{\varepsilon}),\gamma,P(\hat{\varepsilon}),\varepsilon\big),\ \ \varepsilon \neq \hat{\varepsilon} \tag{4.70}$$

$$\mathrm{PC}: \theta_{\mathrm{D}}\big(k(\varepsilon),\gamma,P(\varepsilon),\varepsilon\big) \geqslant \pi_{\min}^{\mathrm{D}},\ \ \varepsilon \in [\underline{\varepsilon},\overline{\varepsilon}]$$

其中，IC 为激励相容约束，激励服务企业给制造企业提供真实信息；PC 为参与约束，确保服务企业获利高于保留收益，激励其参与；$\pi_{\min}^{\mathrm{D}}$ 表示保留收益；$\underline{\varepsilon}$、$\overline{\varepsilon}$

表示需求信息的下、上限。

同时，制造企业最优利润 $\pi^{\mathrm{S}}(\varepsilon)$、服务企业最优利润 $\pi^{\mathrm{D}}(\varepsilon)$ 为

$$\pi^{\mathrm{S}}(\varepsilon)=\theta_{\mathrm{S}}\left(k(\varepsilon),\gamma,P(\varepsilon),\varepsilon\right) \tag{4.71}$$

$$\pi^{\mathrm{D}}(\varepsilon)=\theta_{\mathrm{D}}\left(k(\varepsilon),\gamma,P(\varepsilon),\varepsilon\right) \tag{4.72}$$

步骤 4　制造企业对顾客价值分配情况。

假设制造企业重新分配顾客价值，当总顾客价值确定为 k^*，重新分配比例为 γ_0，分配给服务企业的价值高于预定价值 $k^*\gamma_0$ 时，制造企业要从服务企业收取额外的支付 $P^* \geqslant P_0$，否则 $P^* < P_0$。制造企业对顾客价值分配模型为

$$\max_{\lambda,P}\quad (w-c)\min\left(d^{\mathrm{F}},k^*\gamma\right)+(z-c)\min\left(d^{\mathrm{Z}},k^*(1-\gamma)\right)+P-c_k k^*$$
$$\tag{4.73}$$
$$\text{s.t.}\ (r-w)E\left[\min\left(d^{\mathrm{F}},k^*\gamma\right)\right]-P \geqslant (r-w)\min\left(d^{\mathrm{F}},k^*\gamma_0\right)-P_0$$

(1) 讨论制造企业产能过剩 $\left(k^* \geqslant d^{\mathrm{F}}+d^{\mathrm{Z}}\right)$、服务企业需求预测大于等于实际需求 $\left(d^{\mathrm{F}} \geqslant k^*\gamma_0\right)$ 的情况。

制造企业设定价值分配比例 $\gamma^* = d^{\mathrm{F}}/k^*$ 满足服务企业和直销市场的全部需求，可以增加对服务企业的销售并收取额外支付，额外价值支付与预定价值之比定义为额外价值与预定价值之比 $\Delta P/P_0 = \left(d^{\mathrm{F}}-k^*\gamma_0\right)/k\gamma_0$，服务企业支付为

$$P^* = P_0 + P_0\left(d^{\mathrm{F}}-k^*\gamma_0\right)/k\gamma_0 \tag{4.74}$$

制造企业的利润为

$$\pi_{\mathrm{S}} = (w-c)d^{\mathrm{F}}+(z-c)d^{\mathrm{Z}}+P_0+\frac{P_0\left(d^{\mathrm{F}}-k^*\gamma_0\right)}{k^*\gamma_0}-c_k k^* \tag{4.75}$$

服务企业的利润为

$$\pi_{\mathrm{D}} = (r-w)d^{\mathrm{F}}-P_0-P_0\left(d^{\mathrm{F}}-k^*\gamma_0\right)/k\gamma_0 \tag{4.76}$$

(2) 讨论制造企业产能不足 $\left(k^* < d^{\mathrm{F}}+d^{\mathrm{Z}}\right)$、服务企业需求预测大于等于实际需求 $\left(d^{\mathrm{F}} \geqslant k^*\gamma_0\right)$ 的情况。

由于直销市场价格高于服务企业价格，制造企业优先满足直销市场。设定价

值分配比例，制造企业需要补偿服务企业以确保服务企业获利，补偿表示为 σ，服务企业自身补偿表示为 $\sigma' \geq \sigma$，并且 $\sigma/\sigma' = \left[k^* \gamma_0 - \left(k^* - d^Z \right) \right] \big/ \left[d^F - \left(k^* - d^Z \right) \right]$，则服务企业支付为

$$P^* = P_0 - (r-w)\left[k^* \gamma_0 - \left(k^* - d^Z \right) \right] - \sigma \tag{4.77}$$

制造企业的利润为

$$\pi_S = (w-c)\left(k^* - d^Z \right) + (z-c)d^Z + P_0 - (r-w)\left[k^* \gamma_0 - \left(k^* - d^Z \right) \right] - \sigma - c_k k^* \tag{4.78}$$

服务企业的利润为

$$\pi_D = (r-w)k^* \gamma_0 - P_0 - (\sigma' - \sigma) \tag{4.79}$$

(3)讨论制造企业产能过剩 $\left(k^* \geq d^F + d^Z \right)$、服务企业需求预测小于实际需求 $\left(d^F < k^* \gamma_0 \right)$ 的情况。

制造企业设定价值分配比例 $\gamma^* \in \left(d^F/k^*, 1 - d^F/k^* \right)$ 满足服务企业和直销市场的全部需求。与情况(1)类似讨论，预测失误导致服务企业支付为

$$P^* = P_0 \tag{4.80}$$

制造企业的利润为

$$\pi_S = (w-c)d^F + (z-c)d^Z + P^* - c_k k^* \tag{4.81}$$

服务企业的利润为

$$\pi_D = (r-w)d^F - P_0 \tag{4.82}$$

(4)讨论制造企业产能不足 $\left(k^* < d^F + d^Z \right)$、服务企业需求预测小于实际需求 $\left(d^F < k^* \gamma_0 \right)$ 的情况。

由于直销市场价格高于服务企业价格，制造企业优先满足直销市场。设定价值分配比例 $\gamma^* = \left(k^* - d^Z \right)/k^*$，制造企业需要补偿服务企业以确保其获利，补偿表示为 σ，服务企业自身补偿表示为 $\sigma' = \sigma$，与情况(2)类似讨论，服务企业支付为

$$P^* = P_0 - (r-w)\left[d^F - \left(k^* - d^Z \right) \right] - \sigma \tag{4.83}$$

制造企业的利润为

$$\pi_S = (w-c)\left(k^* - d^Z\right) + (z-c)d^Z + P_0 - (r-w)\left[d^F - \left(k^* - d^Z\right)\right] - \sigma - c_k k^* \quad (4.84)$$

服务企业的利润为

$$\pi_D = (r-w)d^F - P_0 \quad (4.85)$$

4.5 本 章 小 结

本章的主要工作可概括如下。

(1)结合企业价值理论和商业生态系统，研究了制造与服务横向融合内涵，将制造与服务融合需求映射到制造与服务融合价值，基于商业生态系统建立制造与服务横向融合价值链模型。该模型作为一个可扩展的基本模型，可有效解决制造与服务融合的价值理论基础问题。

(2)结合价值链价值理论，建立了制造与服务融合的价值识别、价值主张、价值交付等规则。该规则确定了价值创造过程的业务机理，实现了制造与服务的横向融合。

(3)从横向融合角度研究分配价值策略，提出面向服务企业、制造企业、终端用户等制造服务主体的制造与服务横向融合价值分配算法。该算法解决了各类制造服务主体参与价值创造过程的贡献度核算问题。

第5章 基于工业智能的制造与服务纵向产业链融合

5.1 引　　言

产业链将服务企业、制造企业、终端用户连接起来形成商业生态系统，同时以供应链调度资源配置，以生态位确定企业位置，使得各类制造服务主体有序运作，实现制造与服务纵向产业链融合。另外，采用模块化方法组织产业模块的集成，应用工业智能支持产业模块的协同，在各类制造与服务融合产业的功能与流程映射中，实现制造服务产业运作。工业智能对多源异构的产业资源实行实时调度，从制造与服务融合平台选择决策算法，优化制造服务资源、产业模块功能、产业模块流程等，以工业物联网与工业云支撑工业智能，进行制造与服务纵向融合。服务企业在产业链中占据上游，服务创新带来价值增值；制造企业处于产业链中游，产品创新满足用户需求；终端用户作为产业链下游，订单支付实现商品流通。纵向产业链上，制造服务主体的生态位可以通过业务模式进行调整。

本章针对制造与服务融合产业链，提出一种基于工业智能的制造与服务纵向产业链融合方法。该方法首先采用产业资源理论分析制造与服务纵向融合内涵，将制造与服务融合需求映射到制造与服务融合产业，基于工业智能建立制造与服务纵向融合产业链模型；然后从纵向融合角度研究产业集成，提出面向生产性服务的产业链纵向集成方法，包含纵向功能集成与纵向流程集成；最后从纵向融合角度研究产业协同，提出面向制造服务化的产业链纵向协同方法，包含纵向功能协同与纵向流程协同。

5.2 工业智能支撑的制造与服务纵向融合产业链模型

制造与服务融合在于淡化制造业与服务业的边界，其实在新工业革命技术与商业生态系统的理论背景下，制造业与服务业已经相互融合，边界模糊不清。从产业链的角度来分析制造与服务的融合，就是围绕产品全生命周期集成服务产业与产品产业，并协同服务企业与制造企业的业务往来，可以称之为纵向融合。在生产性服务与制造服务化逐步成熟的基础上，推行制造服务产业新模式，应用工业智能技术实现产业链上制造与服务的纵向融合。

5.2.1 制造与服务的纵向融合

制造过程包括产品设计、产品加工、产品装配等核心业务，随着产业分工的加深，制造企业业务范围逐渐外延，先是增加产品原材料采购与产品销售业务，然后加入产品研发的需求管理与产品交易的物流管理，继而为制造企业服务的制造业信息化技术和智能制造技术层出不穷，到现在新工业革命支持下，制造新模式也不断产生，制造过程已经外延到产品的整个产业链上，与服务集成交互，协同制造。

服务过程包括服务规划、资源配置、服务实施等核心业务，只考虑服务对象为制造企业的生产性服务，服务企业业务范围逐渐渗透，先是为制造企业加工零部件或者提供原材料，再有参与制造企业部分业务，接着为制造企业分销产品或者提供物流配送服务，最终采用新工业革命技术，为制造企业提供各类生产性服务，辅助制造新模式的服务化，服务过程已经渗透到产品的整个产业链上，并且和制造集成交互，协同服务。

制造的内涵已经外延到服务领域，服务业务也渗透到制造的各个环节，制造与服务融合在产业链上形成纵向关联，相互约束，就是制造与服务的纵向融合。纵向融合，是指在服务企业、制造企业、终端用户之间围绕产品全生命周期开展产品资源配置、产品加工装配、产品服务实施等业务，集成产品业务与服务业务，协同制造服务主体之间的供求关系，为终端用户提供产品服务系统。制造与服务纵向融合如图 5.1 所示。

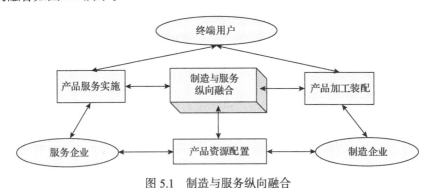

图 5.1　制造与服务纵向融合

1) 产品资源配置

产品资源配置是将产品全生命周期所涉及的各类资源在制造服务平台上进行统一存储与调度，包括制造资源与服务资源，用于产品加工装配与产品服务实施。服务企业与制造企业的资源集中配置，可以高效地实现产品与服务业务运作，在资源共享与柔性配置中，整合产业链资源，进行制造与服务纵向融合。

2)产品加工装配

产品加工装配是产品生产的核心步骤。制造企业在产品设计的基础上，调动企业各类资源，按照制造工艺先加工出产品各个零部件，再将零部件装配成产品。作为制造企业的核心业务，产品零部件加工需要原材料、机器、操作工、加工工艺等资源；产品装配需要零部件、工具或装配线、操作工、装配工艺等资源。产品加工装配与制造资源融合生成产品。

3)产品服务实施

产品服务实施是服务生产的核心步骤。服务企业在产品服务规划的基础上，调动企业各类资源，在规定的时间地点开始与结束服务，在服务时间内提供服务业务。作为服务企业的核心业务，产品服务规划确定服务功能模块与服务流程模块；产品服务提供执行服务规划内容，按照服务流程实现服务功能。产品服务实施与服务资源融合生成服务。

5.2.2　制造与服务的纵向融合产业链

制造企业以智能制造为目标，从财务管理与人力资源管理开始，到企业进销存的供应链管理，逐步升级改造企业信息化水平。应用管理信息系统在提升企业竞争力的同时，催生了新的产业。针对核心业务，从计算机辅助设计开始，到计算机辅助制造，应用制造信息化技术提高了企业效益，带动了相关产业的发展。制造企业已经围绕产品建立起与各个制造环节业务关联的产业链，与服务企业交互，协同制造。

服务企业以智能服务为目标，逐步创新服务业务，只考虑服务对象为制造企业的生产性服务，服务业务信息化在新工业革命支撑下逐渐成熟，为制造企业提供更为便捷可靠的服务。伴随服务创新与制造业服务增强，制造服务产业层出不穷，如企业信贷产业、技术咨询产业、知识服务产业、物流配送产业、产品回收产业等，服务企业已经围绕制造企业的各个业务建立起为之服务的产业链，与制造企业交互，协同服务。

制造产业已经外延到服务领域，同样服务产业渗透到制造领域，在制造与服务纵向融合的同时，也形成一条条清晰的产业链。产业链将服务企业、制造企业、终端用户连接起来，在商业生态系统环境中，形成产品资源产业、产品制造产业、产品服务产业等，集成产品产业与服务产业，协同制造服务主体之间的利益关系，达成合作共赢。制造与服务的纵向融合产业链如图 5.2 所示。

(1)产品资源产业是将服务企业与制造企业的人力、材料、设备、技术、资金等资源集中管理，在产业链上调度各类资源来完成产品业务与服务业务，保障产品服务产业与产品制造产业的高效运作。以专业分工来整合资源，将业务模块化、规模化、专业化形成产业，进行制造与服务纵向融合。

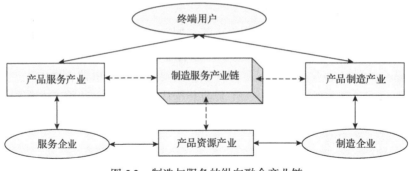

图 5.2　制造与服务的纵向融合产业链

(2)产品制造产业是将制造业务分化为业务模块,按照产业链制定业务模块之间的集成策略,使得产品业务专业化、规模化、智能化,如设计业务、采购业务、加工业务、装配业务、质检业务、销售业务、维修业务等。以新工业革命技术支撑各类业务的智能化,为智能制造奠定基础。

(3)产品服务产业是将服务业务规划为业务模块,按照产业链制定业务模块之间的集成策略,使得服务业务专业化、规模化、智能化,如融资服务业务、人力管理业务、材料管理业务、技术咨询业务、知识服务业务、营销服务业务、配送服务业务等。以新工业革命技术支撑各类业务的智能化,为智能服务奠定基础。

5.2.3　制造与服务的纵向融合产业链设计

制造产业以产业分工为契机,各种新制造模式为动力,成为产业链上的重要组成部分。进行制造与服务纵向融合的产业链设计,首先要设计制造产业,如产品研制产业设计、产品加工产业设计、产品装配产业设计、产品进销存产业设计、产品服务化产业设计等。制造产业设计是制造企业的关键任务。在新工业革命支持下,产业链设计的制造产业部分以产品生产为核心,与服务产业交互,协同产业链。

服务产业也是产业链上的重要组成部分,只考虑服务对象为制造企业的生产性服务。进行制造与服务纵向融合的产业链设计,也要设计服务产业,如融资产业设计、人力提供产业设计、物资配送产业设计、配套服务产业设计、原材料加工产业设计、产品营销服务产业设计、产品维修产业设计等。服务产业设计是服务企业的关键任务。在商业生态系统中,产业链设计的服务部分以服务提供为核心,与制造产业交互,协同产业链。

在新工业革命支持下,制造与服务融合产业链设计更加智能化,以产品服务系统为目标,组织各类制造产业与服务产业,设计相互关联的产品加工装配、产品服务实施、产品资源配置等业务的功能与流程,集成产品模块与服务模块,协同制造服务主体之间的业务功能与业务流程,实现制造与服务融合产业链的运作。

基于工业智能的制造与服务纵向融合产业链模型如图 5.3 所示。

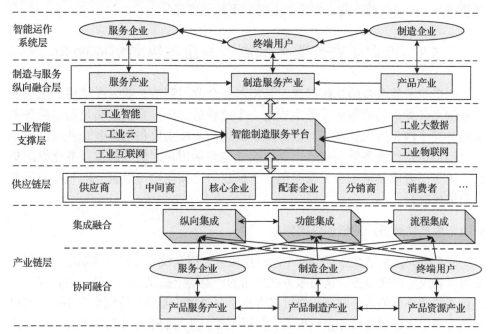

图 5.3　基于工业智能的制造与服务纵向融合产业链模型

（1）智能运作系统层。在服务企业、制造企业、终端用户之间运作生产性服务与制造服务化，统称为制造服务运作。以工业智能技术支撑制造服务运作的智能化，保障服务企业实时实地为制造企业提供生产性服务，确保制造企业更好地为终端用户提供制造服务化。

（2）制造与服务纵向融合层。制造与服务纵向融合是将服务企业提供的服务产业与制造企业提供的产品产业集成为制造服务产业，在智能制造服务平台上管理服务与产品，实现产品服务一体化，完成产品业务与服务业务的协同、业务功能与业务流程的协同。

（3）工业智能支撑层。工业智能是新工业革命技术之一，在工业智能支撑层，以工业物联网连接制造服务主体，以工业大数据提供数据服务，构建智能制造服务平台。在平台上以工业互联网实现制造服务资源共享，以工业云决策制造服务业务，制造服务业务之间的协同要靠工业智能来支持。

（4）供应链层。供应链与产业链相互约束，在供应链上游，供应商与中间商为核心企业提供原材料，配套企业为核心企业提供零部件；在供应链下游，产品或服务通过分销商出售给消费者。上游围绕原材料逐层采购，下游围绕产品销售。

（5）产业链层。产业链层是纵向融合的核心层，主要实现集成融合与协同融合。将制造服务主体的产品或服务模块化为功能模块与流程模块，然后进行功能模块集成与流程模块集成，最后在制造服务主体之间协同，形成产品服务产业、产品制造产业、产品资源产业，作为产业链的重要组成部分。

5.3　面向生产性服务的制造与服务纵向集成融合

制造与服务融合的纵向集成，是将服务企业与制造企业、终端用户之间的产业链上各类产品或服务业务集成为一个完整的解决方案，来满足制造服务主体的各类个性化需求。制造与服务融合的纵向集成主要包括服务企业与制造企业之间的生产性服务纵向集成、制造企业与终端用户之间的制造服务化纵向集成，由于二者的集成融合方法类似，下面仅讨论面向生产性服务的制造与服务纵向集成融合。

5.3.1　生产性服务产业链的纵向集成

服务企业为制造企业提供的中间性质服务，以及没有交付给终端用户的服务都可以看成生产性服务，这类服务在产品的产业链上提供重要支持，可以提升制造企业的核心竞争力。制造企业可以专注于自身擅长业务，特别是中小企业可以将企业的短板让渡给服务企业来做，使得服务企业与制造企业优势互补，分工协作更为紧密。在制造与服务融合中，服务企业与制造企业的业务相互渗透是关键，服务企业提供的就是生产性服务，这些零散的服务需要通过产业链纵向集成。在工业智能的支撑下，生产性服务产业链纵向集成，可以将一个个生产性服务作为节点集成起来解决制造与服务的融合问题。

1. 制造与服务融合的生产性服务产业链

服务企业与制造企业的界定是以产品全生命周期各个阶段的实施者来区分的，在产业链上为产品服务一体化提供实现主体。针对一个具体产品形成的产业链，制造企业主导产品的研发设计、加工装配、销售配送等核心业务，而服务企业围绕产业链来提供各类针对性的生产性服务。例如，汽车制造企业以装配车间为主体组织产品总装，产业链上的核心零部件可以自己加工，大部分汽车零部件是以外包方式由服务企业来完成或者直接购买，而产品的销售也需要服务企业提供广告业务、营销业务、售后服务业务、汽车维修业务、二手车交易业务等，这些业务都是制造与服务融合中的生产性服务。下面仅以制造企业与服务企业之间的生产性服务为例构建制造与服务融合的产业链。

生产性服务产业链集中在制造企业驱动制造与服务融合，服务企业驱动制造与服务融合，可以形成不同的融合过程。在产业链上，采用生态位来度量每个制造服务主体的状态，例如，某个产业链是制造企业占的比例大，还是服务企业占的比例大,服务企业所提供的生产性服务也以产业链上节点的形式赋予权重。根据产品的生命周期来建立产业链,生产性服务产业链主要包括企业融资产业、企业人力管理产业、企业技术服务产业、企业广告服务产业、企业营销咨询产业、企业物流配送产业、企业员工培训产业等。每一类产业都有其特性,用以构造其产业链。

在商业生态系统中,我们只讨论服务企业与制造企业之间形成的生产性服务产业。生产性服务产业比较零散,形式多样灵活,产业周期可长可短,在集成上需要引入弹性机制,可以在制造服务平台上制定相应的规则进行管理。制造与服务融合的生产性服务产业链可以采用模块化技术,将产业链上的各个产业都建立为制造服务模块,作为产业链上的各个节点,组成多条产业链交织的生产性服务网络。进一步以制造服务模块为单元进行智能调度与配置,实现制造与服务融合。

2. 生产性服务产业链纵向集成

生产性服务产业链纵向集成就是基于各类生产性服务模式来组织产业链纵向的制造服务运作,可以是某些服务模块的集成,或者是某些产品模块的集成,也可以是某些产品模块与服务模块的集成。产业链纵向集成主要以产品全生命周期的各个业务为对象,规划服务企业所要提供的服务,大到为企业的发展提供战略管理服务,小到为企业提供某个零部件加工。生产性服务产业链纵向集成,可以是制造企业驱动的,也可以是服务企业驱动的。

在生产性服务产业链纵向集成中,如果是制造企业驱动的,则整个产业链上制造企业处于主导地位,作为核心企业来组织生产性服务的纵向集成。首先,制造企业将产业链细分为各个产业,并赋予不同的权重;其次,制造企业针对每个细分产业,确定由谁来做,可以是企业自己运作,或者外包给服务企业,也可以通过中介来寻找服务企业等;最后,整合产业链资源,将确定的生产性服务与其他业务集成为完整的产业链。制造企业驱动的纵向集成是以国有企业为代表的大中型企业制造与服务融合的重要模式。

在生产性服务产业链纵向集成中,如果是服务企业驱动的,则整个产业链上服务企业处于主导地位,作为核心企业来组织生产性服务的纵向集成。首先,服务企业在产业链上进行制造企业的需求分析,确定自己可以提供的生产性服务;其次,服务企业针对所能提供的生产性服务进行竞争分析,通过竞争成为制造企业的合作伙伴;最后,服务企业规划设计生产性服务,融入产业链中,集成为产业链的节点之一。服务企业驱动的纵向集成是以民营企业为代表的中小型企业制造与服务融合的重要模式。

3. 基于工业智能的生产性服务产业链纵向集成模型

生产性服务产业链纵向集成,是以制造企业产业链业务为依据,将提供的业务服务集成为一个统一的模型。在新工业革命背景下，为产业链纵向集成提供了便捷的工业智能技术。在智能制造服务平台支撑下实现产业链纵向集成，可以采用模块化方法，将产品或服务细化为功能模块与流程模块，分别根据具体业务设计模块，并提供功能模块与流程模块的交互渠道，实现生产性服务产业链纵向集成。基于工业智能的生产性服务产业链纵向集成模型如图5.4所示。

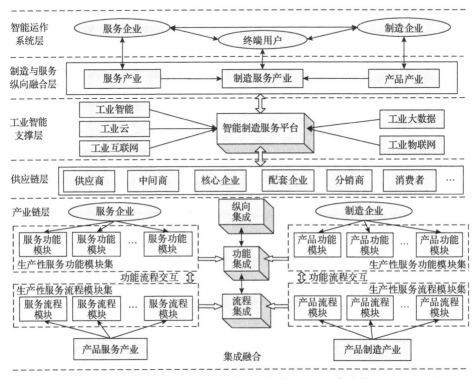

图 5.4　基于工业智能的生产性服务产业链纵向集成模型

(1) 智能运作系统层。基于集成主题，在服务企业、制造企业、终端用户之间具体运作生产性服务活动，包括服务企业如何向制造企业提供具有竞争力的服务，如何争取为制造企业提供配套产品；制造企业如何在服务企业中选择适合的服务，如何外包部分业务给服务企业，如何与服务企业合作集成产品服务系统等。

(2) 制造与服务纵向融合层。服务企业提供了服务，制造企业选购服务；制造企业的产业链上出现新的需求，服务企业规划新的服务提供给制造企业。制造企业将部分业务外包给服务企业，或者服务企业在产业链上延伸业务，为制造企业提供配套产品。

(3) 工业智能支撑层。新工业革命提供了工业智能技术，来支撑制造与服务的融合。其中制造服务平台用来管理制造与服务融合的运作。工业物联网连接各类制造服务主体资源，工业互联网实现资源共享与实时交互，工业大数据集中管理制造服务主体数据与分析，将智能制造服务平台构建在工业云上，统一配置制造服务化运作，具体的生产性服务运作通过工业智能来决策。

(4)供应链层。生产性服务产业链纵向集成，在供应链上是各个供应商业务集成、中间商业务集成、核心企业与配套企业之间服务关系集成，以及分销商业务集成、消费者反馈等。在供应链上，服务企业需要提供各类生产性服务。供应链为制造与服务融合提供业务基础，需要敏捷响应各类制造服务主体的需求。

(5)产业链层。作为生产性服务纵向集成的核心层，实现各类生产性服务模块的集成，主要是功能集成与流程集成两方面，同时功能流程之间也要实现交互。生产性服务业务就是服务企业为制造企业提供各类服务，如金融服务、人力资源服务、培训服务、材料供应服务、知识服务、信息化服务、技术咨询服务、产品服务化方案、产品设计服务等。提供这些功能的同时，再配合以流程模块实现业务。

案例研究：工业互联网环境下的智能制造服务流程纵向集成

1. 智能制造服务流程纵向集成的总体架构

1)智能制造服务的工业互联网环境构建

智能制造服务的工业互联网环境，采用制造物联技术和工业大数据进行制造与服务数据的采集和分析，来支撑智能制造服务的运作，构建的系统框架如图5.5所示。工业互联网的核心部分主要包括物理设备层、平台服务层和业务应用层等；工业互联网的管理部分主要包括智能制造服务流程应用、智能制造服务流程技术、智能制造服务流程管理、工业大数据源以及存储分析等。根据一般制造企业的需求，智能制造服务工业互联网环境构建原理如下。

(1)通过工业物联网接入智能制造服务资源。利用RFID和传感器等物联网相关技术，将服务企业、制造企业和终端用户的所有智能制造服务要素进行互联互通，连接到智能制造服务大数据系统平台。

(2)通过工业云平台管理智能制造服务资源。利用云计算进行设备接入验证以及构建数据传输通道，提供数据采集、数据存储以及数据分析等服务。多源的大数据统一为Hadoop分布式文件系统(Hadoop distributed file system, HDFS)，并存储在NoSQL数据库或者NewSQL数据库，提供工业大数据的存储方案与管理机制。

(3)通过工业大数据分析智能制造服务资源。构建面向智能制造服务流程应用、智能制造服务流程技术、智能制造服务流程管理的工业大数据分析系统，通过MapReduce及其相关技术对各类智能制造服务数据进行算法设计，满足不同主题的决策需求。

(4)通过工业大数据对智能制造服务资源决策。为服务企业、制造企业和终端用

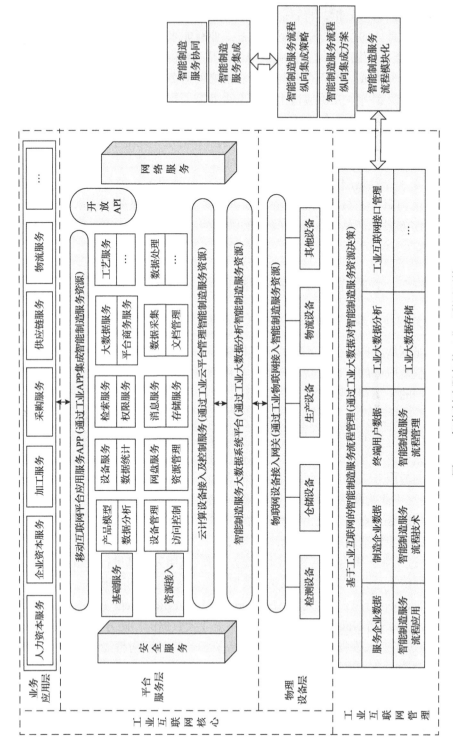

图 5.5 智能制造服务的工业互联网环境

户实时提供专业化的决策支持,采用智能算法库来优化不同的智能制造服务流程或功能,通过智能客户端或者智能移动终端为异地的智能制造服务相关人员提供多维度的决策服务。

(5)通过工业 APP 集成智能制造服务资源。不同智能制造服务模块可以细化为不同的粒度,设计 APP 应用程序,根据智能制造服务集成方案调度对应的 APP 软件,实现智能制造服务的动态集成,并支撑智能制造服务的运作。

2)工业互联网环境下的智能制造服务流程纵向集成方案

工业互联网环境下的智能制造服务流程纵向集成是以智能服务设计中的服务流程模块为基础,智能制造企业将具体的智能产品融合到服务流程中,提供给终端用户。服务流程的纵向集成包含服务创新的任务,所以需要在智能化运作环境中,针对服务流程多目标优化,结合工业互联网环境以及智能生产基础,对智能制造服务流程进行纵向集成。

智能制造服务流程的纵向集成方案主要从智能制造服务流程构建和智能制造服务流程运行两个视角来考虑。在智能制造服务流程构建时,主要围绕智能制造服务流程模块的管理和智能制造服务流程优化来进行,依据智能制造企业的情况自己管理智能制造服务流程模块或者委托智能制造服务平台来管理,而智能制造服务流程优化需要领域专家的参与协同优化;在智能制造服务流程运行时,主要围绕智能制造服务流程的实时监控和流程事件的管理,在物联网支撑下可以控制智能制造服务流程的运行进度,而流程事件的处理机制也需要在复杂的工业互联网环境中建立,以保障智能制造服务的顺利运作。

智能制造服务纵向集成方案如图 5.6 所示,主要包括智能制造服务流程模块组件管理、智能制造服务流程模块验证工具、企业服务总线、协议层等。智能制造服务流程模块组件管理提供可配置的模式,使用建模工具纵向集成智能制造服务流程模块完成建模,智能制造服务流程模块验证工具实时辅助建模。运行时,纵向集成中的智能制造服务流程依据配置模式,生成智能制造服务流程模块,输入到企业服务总线中运行,完成智能制造服务流程的接入、消息转换、服务调用、消息路由等,实现智能制造服务流程之间的互操作。

在智能制造服务流程纵向集成的构建阶段,首先,智能制造企业应用集成模式库来确定具体的集成模式,以此为基础进行智能制造服务流程纵向集成规划;其次,利用建模工具进行智能制造服务流程纵向集成建模,并分析集成性能,智能制造服务流程模块验证工具依据验证算法进行实时计算,并反馈给智能制造服务流程的纵向集成;最后,在算法库中选出优化算法来优化具体配置。智能制造服务流程的纵向集成是一个逐步演化的过程,需要综合各方面因素寻求最佳服务流程。

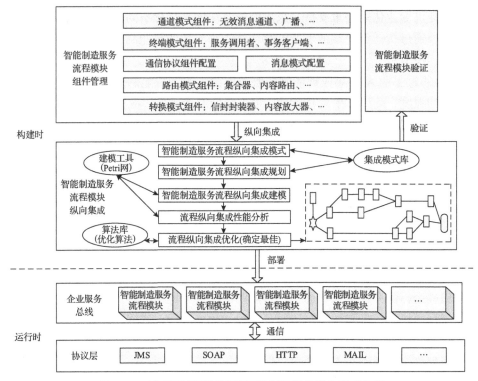

图 5.6　工业互联网环境下的智能制造服务纵向集成方案

在智能制造服务流程纵向集成的部署阶段，主要在智能制造服务流程所涉及的服务企业、制造企业、终端用户之间部署一条企业服务总线。具体可以采用集中式部署在工业园区，也可以将智能制造服务流程模块分配到多个企业服务总线实例中，采用分布式部署等。智能制造服务流程纵向集成涉及的终端用户部署暂不作考虑，通过智能物流服务来完成。

在智能制造服务流程纵向集成的运行阶段，各个智能制造服务流程模块准备就绪，等待实时接收消息。纵向集成的部署和执行以智能制造服务流程模块为单位，可以在运行时重新配置部署某智能制造服务流程模块，不会影响其他流程模块。智能制造服务流程的纵向集成方案实现了服务流程模式的集成。智能制造企业采用配置方式对智能制造服务流程之间交互的信息处理过程进行建模，来实现其服务化调用，解耦了智能制造服务和服务流程，简化了服务总线的构建和路由变更过程，为智能制造服务流程纵向集成提供支持。

2. 基于 Petri 网的智能制造服务流程纵向集成策略

1) 基于 Petri 网的智能制造服务流程纵向集成模式

工业互联网环境下，基于 Petri 网技术可以建立智能制造服务流程纵向集成模式，基于事件驱动的 Petri 模型通过将智能制造服务运作过程中的各类资源组织在一起形成一个能够完成特定任务或者流程的动态模型。智能制造服务运作过程的控制流可以由交替出现的活动和事件彼此连接而构成，控制流的分支选择、汇合连接和并发进行可以通过逻辑操作符来完成。智能制造服务流程纵向集成策略是在形式化定义的基础上，基于 Petri 网技术建立基本的纵向集成模式。

智能制造服务流程定义为

$$\text{imsp} = \{(\text{key}_1, \text{value}_1), (\text{key}_2, \text{value}_2), \cdots, (\text{key}_n, \text{value}_n)\} \tag{5.1}$$

式中，$i, j = 1, 2, \cdots, n$，且当 $i \neq j$ 时，$\text{key}_i \neq \text{key}_j$。智能制造服务流程是智能制造服务之间的流程载体，实质上是一个键值表。key 为字符串，用于索引智能制造服务流程的内容；value 为任意类型数据，用于存储智能制造服务流程的内容。

智能制造服务流程模块定义为

$$\text{imspm} = \{p_{\text{in}}, t, \text{mode}, p_{\text{out}}, \text{predicate}, \text{need}, \text{add}, \text{del}\} \tag{5.2}$$

其中，p_{in}、p_{out} 分别为智能制造服务流程模块的入口通道和出口通道；t 为智能制造服务模块进行的流程处理活动；mode 为以自然数标记一次流程处理读取的流程种类数；predicate 为标记出口通道流程条件的布尔表达式集合；need 为标记流程处理读取的流程内容；add 为标记流程处理增加的流程内容；del 为标记流程处理移除的流程内容。

智能制造服务流程的纵向集成是一个三元组，即

$$\text{VI} = (P, T, F) \tag{5.3}$$

其中，$P = \{p_1, p_2, \cdots, p_m\}$ 是库所的有限集合，表示智能制造服务流程模块通道的集合；$T = \{t_1, t_2, \cdots, t_n\}$ 是变迁的有限集合，表示智能制造服务流程处理活动的集合；$F \subseteq (P \times T) \bigcup (T \times P)$ 是有向弧的有限集合，表示智能制造服务流程模块之间的流关系。每个智能制造服务流程模块只有一个入口通道 p_{in} 和一个流程处理活动 t。P 还包括智能制造服务流程系统的入口通道，所以 $|P| \geq |T|$。

智能制造服务流程的纵向集成本质上是用 Petri 网描述的多个智能制造服务流程模块组成的网络。智能制造服务流程的纵向集成模式如图 5.7 所示。一般的智能制造服务流程纵向集成模式主要有同步结构、顺序结构、并行结构、分支结构、循环结构等。

(1) 智能制造服务流程纵向集成的同步结构模式。该模式针对多个智能制造服务流程模块设置同一个出口，并且由集合器统一来处理。

(2) 智能制造服务流程纵向集成的顺序结构模式。该模式是将两个智能制造服

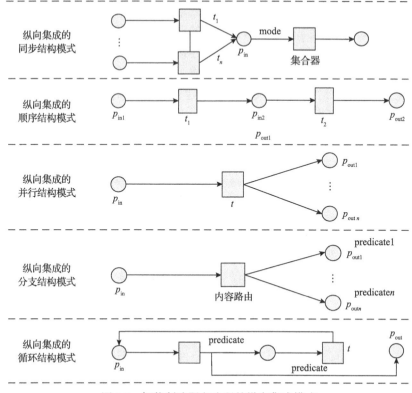

图 5.7　智能制造服务流程的纵向集成模式

务流程模块按先后顺序执行，前一个流程模块的出口通道是后一个流程模块的入口通道。若 t_1 所属的智能制造服务流程模块是 Java 流程服务客户端，t_2 所属的智能制造服务流程模块是邮件 Java 消息服务（Java message service，JMS）客户端，从 JMS 服务器接收流程后，将流程发送出去处理。

(3)智能制造服务流程纵向集成的并行结构模式。该模式是把流程发送到多个出口通道上，这些出口通道连接各个并行的智能制造服务流程模块。并行结构模式用于广播、发布、订阅、接收者列表等流程。

(4)智能制造服务流程纵向集成的分支结构模式。该模式是通过内容路由来实现的，其中的出口通道是以 predicate 来判断智能制造服务流程活动，在确定了不同种类流程的 predicate 条件后，每个出口通道只接收符合条件的智能制造服务流程活动。

(5)智能制造服务流程纵向集成的循环结构模式。该模式是由分支结构和流程处理活动集成，进入分支结构的流程满足特定条件，就可以执行流程处理活动。以一个单出口的智能制造服务流程模块来实现循环，执行中流程处理活动设定最大循环次数或者指出相关流程内容是通过改变特定条件来实现的。

智能制造服务流程是依据流程的处理顺序进行纵向集成的，集成不限定唯一的输入和输出库所，不同的托肯表示不同的流程类型。智能制造服务流程的纵向集成可以描述宏观的智能制造服务流程处理过程，也可以描述较为复杂的微观智能制造服务流程处理过程。通常的智能制造服务流程的纵向集成模式是以上五种模式的组合应用，涉及的智能制造服务流程模块需要预先封装处理。

2)基于扩展 Petri 网的智能制造服务流程纵向集成过程

智能制造服务流程以智能制造服务活动为对象，在运作中存在多态性、随机性、复杂性。扩展 Petri 网以随机 Petri 网为基础，可以描述智能制造服务系统内部的复杂状态变化，并以抽象化的模型语言来建立智能制造服务系统的动态随机模型，能够描述智能制造服务系统与流程之间的关系，获得定量的系统性能分析结果。因此，选择扩展 Petri 网来分析智能制造服务流程纵向集成过程。首先要进行合理的流程纵向集成规划，不同的规划方式会得到不同的纵向集成过程。下面以服务区为对象，建立一般智能制造服务流程纵向集成过程模型。

(1)智能制造服务流程纵向集成规划。

假设智能制造服务系统由服务区、缓冲单元、外部服务区、外部物流单元等组成，服务区按照串联规划，并在其之间设置缓冲单元。首个服务区前增加维护入口，末个服务区后增加维护出口，当服务过程中有不合格的产品或服务时，从维护出口下线，在外部服务区处理好之后，再从维护入口返线。服务过程中，每个服务区 S_i 分别定义输入服务流与输出服务流，以此来规划智能制造服务流程纵向集成。

(2)智能制造服务流程纵向集成建模。

智能制造服务流程纵向集成具有动态性和随机性，采用扩展 Petri 网来描述，智能制造服务系统的模型定义为

$$IMSS = (P,T,I,O,H,M,F) \tag{5.4}$$

其中，P 表示有限的库所集合；T 表示有限的变迁集合；I 表示输入函数；O 表示输出函数；H 表示限制函数；M 表示标识，即第 i 个分量标识第 i 个库所的托肯数；F 表示对应扩展分布的触发时延。

触发规则为，在标识 m 中，$t \in T$ 使能，等价于 $m(p) \geqslant I(p,t)$，同时，当 $H(p,t) \neq 0$ 时，$m(p) < H(p,t)$；$t \in T$ 使能，有 $m'(p_i) = m(p_i) + O(p_i,t) - I(p_i,t)$，$i = 1,2,\cdots,n$。

智能制造服务流程的服务区模块如图 5.8 所示，其中的变迁与库所定义如表 5.1 所示。

正常情况下，在智能制造服务流程模块获取服务信息、判定服务状态后，如果服务合格，则激发 t_{i1T}，流程模块进入状态 p_{i3}，执行服务，执行合格激发 t_{i3I}，

执行不合格激发 t_{i4I}；否则，激发 t_{i2I}，流程模块进入状态 p_{i4}，对服务不执行，直接进入下一个服务缓冲单元。

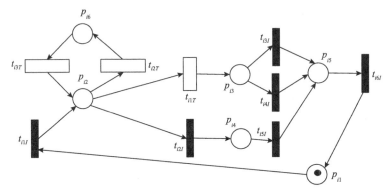

图 5.8　智能制造服务流程的服务区模块

表 5.1　服务区模块的 Petri 网变迁与库所定义

名称	含义	名称	含义	名称	含义
p_{i1}	流程模块 S_i 空闲可利用	t_{i1I}	准备服务获取信息	t_{i1T}	经特定时间完成服务
p_{i2}	完成服务信息获取	t_{i2I}	流程模块 S_i 不执行服务	t_{i2T}	运行一段时间后发生中断
p_{i3}	流程模块 S_i 执行服务	t_{i3I}	服务执行合格	t_{i3T}	经过特定时间中断修复
p_{i4}	流程模块 S_i 人员不到位	t_{i4I}	服务执行不合格		
p_{i5}	流程模块 S_i 服务结束	t_{i5I}	服务未执行		
p_{i6}	流程模块 S_i 中断	t_{i6I}	服务结束		

(3)智能制造服务流程纵向集成性能分析。

智能制造服务流程在纵向集成性能分析中主要关注流程模块之间的服务状态转移，可以采用扩展 Petri 网来分析。以某个流程模块的服务区 S_i 为例来简要说明分析过程，如图 5.9 所示。初始标记为 $m_{i0}:(1,0,0,0,0,0)^T$，根据智能制造服务流程服务区模块的 Petri 网变迁与库所定义，获得可达图。定义 m_{i2} 为服务状态，m_{i3} 为完成状态，m_{i5} 为失效状态；定义 m_{i0} 在上游缓冲区 p_{i-1} 无托肯时为等候状态，m_{i4} 在下游缓冲区 p_i 库所已满时为停滞状态，经过分析获得服务区 S_i 的状态转移关系。

智能制造服务流程中服务区 S_i 的性能主要以事件的激发概率 φ 来度量，事件 t_{i1T} 的激发概率表示正常运作时进入服务状态的相对激发概率，对于二级串联智能制造服务流程 S_i，激发概率计算过程如下。假设上游服务区输入的合格服务流为 a，服务区 S_1 和 S_2 流出的合格服务流为 a_1、a_2，则对于服务区 S_1，有

$$\begin{cases} a_1 = a\theta_1 + R_1\theta_1 \\ R_1' = a(1-\theta_1) \\ d_1 = R_1(1-\theta_1) \end{cases} \tag{5.5}$$

其中，θ_1 表示事件 t_{13I} 的激发概率；R_1 表示需要在 S_1 处理的服务；R_1' 表示 S_1 产生的中断服务流；d_1 表示在 S_1 处理不合格后产生的失效服务流。

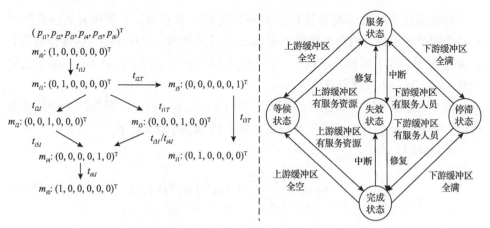

图 5.9　智能制造服务流程的服务区性能分析

对于服务区 S_2，有

$$\begin{cases} a_2 = a_1\theta_2 + R_2\theta_2 \\ R_2' = a_1(1-\theta_2) \\ d_2 = R_2(1-\theta_2) \end{cases} \tag{5.6}$$

其中，θ_2 表示事件 t_{23I} 的激发概率；R_2 表示需要在 S_2 处理的服务；R_2' 表示 S_2 产生的中断服务流；d_2 表示在 S_2 处理不合格后产生的失效服务流。

考虑 $R_1 = R_1'$，$R_2 = R_2'$，得服务区 S_1 的事件 t_{11T} 激发概率为

$$\varphi_1 = \frac{a + R_1}{a + R_1 + R_2} = \frac{2 - \theta_1}{1 + (1-\theta_1) + \theta_1(2-\theta_1)(1-\theta_2)} \tag{5.7}$$

同理，服务区 S_2 的事件 t_{21T} 激发概率为

$$\varphi_2 = \frac{a + R_2}{a + R_1 + R_2} = \frac{\theta_1(2-\theta_1)(2-\theta_2)}{1 + (1-\theta_1) + \theta_1(2-\theta_1)(1-\theta_2)} \tag{5.8}$$

以此可以分析三级、四级串联系统等，一般智能制造服务流程系统的服务区

S_i 中事件 t_{i1T} 激发概率为

$$\varphi_i = \frac{\left[\prod_{l=1}^{i-1}\theta_l\left(2-\theta_l\right)\right]\left(2-\theta_i\right)}{1+\left(1-\theta_1\right)+\sum_{k=2}^{n}\left\{\left[\prod_{j=1}^{k-1}\theta_j\left(2-\theta_j\right)\right]\left(1-\theta_k\right)\right\}} \tag{5.9}$$

智能制造服务的流程系统以多级串联的形式来表示,一般由 n 个服务区和 $n-1$ 个缓冲区组成。流程系统状态以 $\left(x,\alpha_1,\alpha_2\right)$ 来表示,其中 x 是实时服务数目, α_1 是流程缓冲区上游服务区状态, α_2 是流程缓冲区下游服务区状态。当服务区运行时, $\alpha_1=\alpha_2=1$;当服务区失效时, $\alpha_1=\alpha_2=0$ 。

假设某个服务区 S_i 的流程状态概率为 $\mathrm{Prob}_i\left(x,\alpha_1,\alpha_2\right)$,则服务区 S_i 服务状态的稳态概率 $\mathrm{Prob}_W(i)$ 和完成状态的稳态概率 $\mathrm{Prob}_P(i)$ 定义如下。

当 $i=1$ 时,有

$$\mathrm{Prob}_W(i)=\left[\sum_{\alpha_i}\sum_{x=0}^{k_i+1}\mathrm{Prob}_i\left(x,1,\alpha_2\right)\right]\times\varphi_i \tag{5.10}$$

当 $i=2,3,\cdots,n-1$ 时,有

$$\mathrm{Prob}_W(i)=\left[\sum_{\alpha_i}\sum_{x=0}^{k_i+1}\mathrm{Prob}_i\left(x,1,\alpha_2\right)-\sum_{\alpha_i}\mathrm{Prob}_{i-1}\left(k_{i-1}+2,\alpha_1,1\right)\right]\times\varphi_i \tag{5.11}$$

当 $i=n$ 时,有

$$\mathrm{Prob}_W(i)=\left[\sum_{\alpha_1}\sum_{x=1}^{k_{m-1}+2}\mathrm{Prob}_{m-1}\left(x,\alpha_1,1\right)\right]\times\varphi_i \tag{5.12}$$

同时,有

$$\mathrm{Prob}_P(i)=\frac{\mathrm{Prob}_W(i)\times\left(1-\varphi_i\right)}{\varphi_i} \tag{5.13}$$

在智能制造服务的流程系统中,服务区的稳态可用度是流程纵向集成过程中的重要指标,以此来监测服务区的运作效率。各个服务区的稳态可用度为

$$\mathrm{Prob}_A(i)=\mathrm{Prob}_W(i)+\mathrm{Prob}_P(i) \tag{5.14}$$

3. 实例分析

以某高铁装备生产企业智能制造服务流程纵向集成为例,通过企业需求分析

选取工业互联网中的订单处理服务，支持该企业运作的智能订单处理服务纵向集成。工业互联网支撑纵向集成过程，客户发出的订单由高铁装备生产企业的三个智能制造服务流程模块分别处理。其中，财务服务模块的流程根据货运方式完成财务相关计算，货运服务模块的流程决定装备产品的运输方式并制定货运计划，生产服务模块的流程依据货运计划安排生产计划。在装备产品生产完成之后，进行装备产品发送，客户在收到企业通知后接收装备产品。

　　假设高铁装备生产企业工业互联网满足纵向集成的信息与知识需要，基于 Petri 网来分析智能订单处理服务流程，进行纵向集成，则智能订单处理服务流程的 Petri 网变迁内涵如表 5.2 所示，智能订单处理服务纵向集成模块如图 5.10 所示。智能订单处理服务流程具体过程为，首先，接收客户的订单消息，将消息广播给三个智能制造服务流程模块；其次，生产服务模块驱动生产计划并完成生产，财务服务模块驱动财务计算并完成财务计算，货运服务模块选择货运方式并制定货运计划；最后，集成三个智能制造服务流程模块，并把相关的输出消息传递给客户。

表 5.2　智能订单处理服务流程的 Petri 网变迁内涵

变迁	智能订单处理服务流程处理活动	标记流程处理读取的模块内容	标记流程处理增加的内容
t_1	高铁装备生产企业广播		
t_2	驱动生产计划		
t_3	选择货运方式	客户信息	货运方式
t_4	驱动财务计算		
t_5	制定货运计划	货运方式、产品信息、客户信息	货运计划
t_6	集成货运流程	产品信息、货运计划	
t_7	集成生产流程	产品信息、生产计划	
t_8	完成生产	产品信息、生产方式	
t_9	完成财务计算	产品信息、货运方式	财务单据
t_{10}	集成综合流程	货运计划、生产结果、财务单据	

　　针对智能订单处理服务的流程纵向集成，选择核心流程模块，设置 8 个服务区进行建模与性能分析。假设智能订单处理服务流程纵向集成的计算参数如表 5.3 所示，则由式(5.9)计算得到当各个服务区正常运作时进入服务状态的相对激发概率 φ_i，如表 5.4 所示。智能订单处理服务流程纵向集成的性能分析如表 5.5 所示。

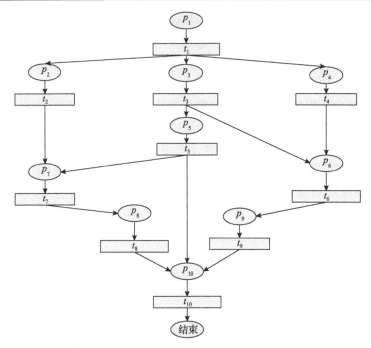

图 5.10　智能订单处理服务的纵向集成模块

表 5.3　智能订单处理服务流程纵向集成的计算参数

服务区	服务描述	操作时间/min	平均无失效时间/h	平均失效修复时间/min	一次通过率/%	θ_i/%
S_1	驱动生产计划	48.0	60154	61	100.00	100.00
S_2	选择货运方式	36.0	58422	63	99.75	99.75
S_3	驱动财务计算	38.0	58422	63	99.75	99.75
S_4	制定货运计划	62.0	78431	45	99.50	99.50
S_5	集成货运流程	66.0	78431	45	99.98	99.98
S_6	集成生产流程	74.0	78431	45	99.98	99.98
S_7	完成生产	73.0	78431	45	99.98	99.98
S_8	完成财务计算	26.0	58422	63	99.75	99.75

表 5.4　智能订单处理服务流程纵向集成的相对激发概率 φ_i

服务区	相对激发概率 φ_i	服务区	相对激发概率 φ_i
S_1	0.9893	S_5	0.9895
S_2	0.9895	S_6	0.9895
S_3	0.9918	S_7	0.9895
S_4	0.9943	S_8	0.9918

表 5.5　智能订单处理服务流程纵向集成的性能分析

服务区	服务状态稳态概率分布	完成状态稳态概率分布	稳态可用度
S_1	0.5760	0.0062	0.5822
S_2	0.4280	0.0046	0.4326
S_3	0.4555	0.0038	0.4593
S_4	0.7496	0.0043	0.7539
S_5	0.7910	0.0084	0.7994
S_6	0.8852	0.0094	0.8946
S_7	0.8755	0.0093	0.8848
S_8	0.4342	0.0036	0.4378

智能订单处理服务的纵向集成在完成订单的主要三个流程集成之后，还需要针对三个流程分别进行事件触发机制设计。例如，生产服务流程模块的事件触发机制可设计为订单取消时停止生产、订单更改时改变生产计划等；货运服务流程模块的事件触发机制可设计为订单地址变更时修改配送计划、订单事件变更时修改货运计划等；财务服务流程模块的事件触发机制可设计为产品价格浮动时修改财务计算等。

通过智能订单处理服务的纵向集成实例可以看出，基于 Petri 网技术的智能制造服务流程纵向集成策略的优越性在于，提供了复杂智能制造服务流程的定量描述方法，克服了以往服务设计中仅考虑定性分析的不足；同时，能够分析智能制造服务系统的性能优劣，建立了系统与流程之间的网络关系，提高了流程事件状态改变的实时响应能力；另外，该策略应用工业互联网环境，明确了一种制造与服务融合中流程纵向集成模型的实现机理，可以为流程横向集成以及功能集成等研究奠定基础。

5.3.2　制造与服务纵向集成的功能融合方法

在制造与服务纵向集成中，针对复杂的产业运作采用模块化方法，将复杂的产业细化为不同的功能模块，再根据需求对若干功能模块进行调度与配置，生成具体的生产性服务。制造与服务融合的纵向集成就是组合不同功能模块的过程，在集成中实现融合，从产业链的角度看，是沿着产业链纵向来集成的，需要制造服务主体来生产与规划功能模块，并需要智能制造服务平台来管理功能模块的集成。

1. 产业链上服务企业与制造企业的生产性服务功能融合

生产性服务功能融合通过纵向集成来实现，集成可以通过制造企业来驱动，也可以通过服务企业来驱动。制造企业根据产品制造产业确定产业链上的生态位，生成产品功能模块；而服务企业根据产品服务产业确定产业链上的生态位，生成服务功能模块。产品功能模块和服务功能模块统称为制造服务功能模块。纵向集成的功能集成是将制造服务功能模块按照设定的规则存储管理，集成在智能制造服务平台上。产业链上服务企业与制造企业的生产性服务功能融合如图 5.11 所示。

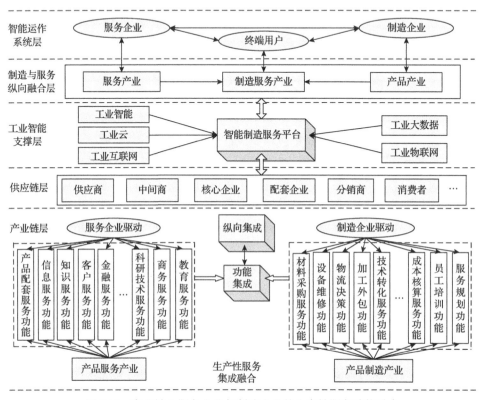

图 5.11　产业链上服务企业与制造企业的生产性服务功能融合

(1)产品服务产业功能集成。服务企业驱动的生产性服务功能表现为各类产品服务产业，具体为产品配套服务功能、信息服务功能、知识服务功能、客户服务功能、金融服务功能、科研技术服务功能、商务服务功能、教育服务功能等。这些产品服务产业由服务企业来运作，生成产业链的前端业务，在生产性服务业务与功能之间建立映射关系，并由服务企业实现生产性服务业务，获得产业链上的生态位。

(2)产品制造产业功能集成。制造企业驱动的生产性服务功能表现为各类产品制造产业，具体为材料采购服务功能、设备维修功能、物流决策功能、加工外包功能、技术转化服务功能、成本核算服务功能、员工培训功能、服务规划功能等。这些产品制造产业由制造企业来运作，生成产业链的中端业务，在生产性服务业务与功能之间建立映射关系，并由制造企业实现生产性服务业务，获得产业链上的生态位。

　　(3)生产性服务功能集成融合。智能制造服务平台上,生产性服务功能集成管理基于服务企业和制造企业提供的各类功能模块,设计不同的生产性服务功能模块,在交易双方的洽谈中确定生产性服务功能。一方面服务企业在平台上提交生产性服务功能模块,另一方面制造企业在平台上提交生产性服务需求模块。平台进行功能与需求的映射匹配,在相关的服务企业与制造企业之间集成融合。生产性服务功能集成只是确定服务或产品逻辑上的关联,具体实现还需要规划生产性服务的流程。

　　2. 服务企业驱动纵向集成的生产性服务功能融合

　　服务企业驱动纵向集成的生产性服务功能融合就是以服务企业为主导设计规划服务相关的功能,建立产品服务产业的服务功能模块,如产品配套服务功能、信息服务功能、知识服务功能、客户服务功能、金融服务功能、科研技术服务功能、商务服务功能、教育服务功能等。以产业链为依据,将服务功能模块集成在智能制造服务平台上,以便于制造与服务融合运作时进行实时调度与配置。服务企业驱动纵向集成的生产性服务功能融合如图 5.12 所示。

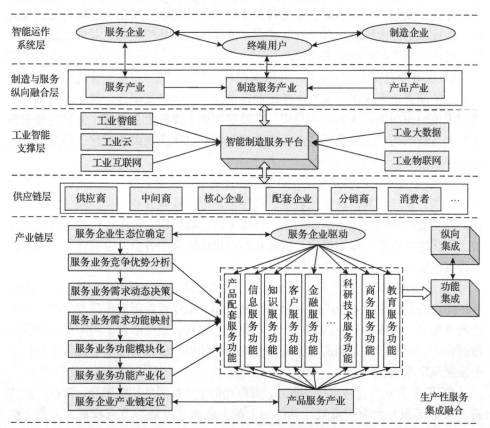

图 5.12　服务企业驱动纵向集成的生产性服务功能融合

(1)服务企业生态位确定。服务企业驱动的生产性服务功能融合,要在产业链上找到合适位置,可以选择某个产品的若干产业链,确定核心制造企业,在产品的全生命周期业务范围内来定位。在商业生态系统支持的运作环境中,需要确定服务企业的生态位节点、具体在产业链的哪个位置上、上游业务和哪些企业关联、下游为哪些制造企业提供生产性服务,同时还要确定服务企业能够提供哪些生产性服务等。

(2)服务业务竞争优势分析。服务企业驱动的生产性服务功能融合,要在产业链上确定服务企业生态位的权重,在同类服务企业中分析自身的优势服务业务,避免进行重复性低水平服务业务。通过竞争分析,确定服务企业的服务业务,在服务创新中增强竞争力,在产业链上找到符合自己的制造企业,或者为目标制造企业研制新的服务业务。生产性服务的服务业务通过制造企业的需求和满意度来度量生态位的权重。

(3)服务业务需求动态决策。完成服务业务的战略定位之后,还需要围绕制造企业的需求规划服务业务。在产业链上针对制造企业进行需求动态管理,不断提升服务业务竞争力。将制造企业的各类生产性服务需求,转化为模块化的需求规格,生成服务需求模块,具体到服务企业能提供的服务模块与之对应。挖掘新的需求模块,淘汰落后的需求模块。

(4)服务业务需求功能映射。在需求模块化的基础上,服务企业优化服务功能模块,使制造企业提出需求与服务企业提供服务之间高度耦合,基于映射规则实现需求模块与功能模块的一一对应。在映射规则上设置上下阈值,并进行动态修正使之与需求的动态决策相适应,在需求与功能之间实现柔性转化,通过工业智能保障需求与功能的优化匹配。

(5)服务业务功能模块化。针对制造企业的生产性服务需求,确定服务业务的功能范围,设计功能模块细化粒度,循序渐进地设计服务业务功能模块化方法。在需求功能映射的约束下,研制生产性服务的功能模块、规范生产性服务功能模块、优化生产性服务功能模块。构建功能模块要结合服务企业自身优势,也可以联合其他服务企业来设计功能模块。

(6)服务业务功能产业化。每一个生产性服务功能模块都可以发展成为服务业务产业,特别是中小企业的灵活运作机制,加上工业智能等运作环境支持,各类生产性服务产业成为创业的首选。在产业链上找到合适生态位,将服务功能模块做强做大,形成产业是制造与服务融合的必然结果。服务业务产业化为生产性服务发展奠定基础。

(7)服务企业产业链定位。服务企业驱动的生产性服务功能融合,要在产业链进一步确定服务企业的位置,具体到上游企业的节点数与节点权重,下游企业的节点数与节点权重,对每个节点对应的企业及其产业情况进行动态追踪。同时，在产业链上逐步提升自己的权重，如市场占有率、业务拓宽范围、客户增加量等。一方面优选上游产业节点，获取优质资源；另一方面提高服务水平，稳定制造企业客户。

3. 制造企业驱动纵向集成的生产性服务功能融合

制造企业驱动的生产性服务功能融合就是以制造企业为主导设计规划与产品相关的功能，建立产品制造产业的产品功能模块，如材料采购服务功能、设备维修功能、物流决策功能、加工外包功能、技术转化服务功能、成本核算服务功能、员工培训功能、服务规划功能等。以产业链为依据，将产品功能模块集成在智能制造服务平台上，以便于制造与服务融合运作时进行实时调度与配置。制造企业驱动纵向集成的生产性服务功能融合如图 5.13 所示。

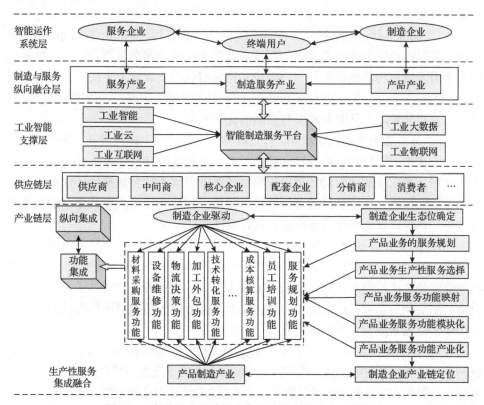

图 5.13　制造企业驱动纵向集成的生产性服务功能融合

(1)制造企业生态位确定。制造企业驱动的生产性服务功能融合，要在产业链上找到合适位置，可以选择某个产品的产业链，确定提供生产性服务的服务企业，在产品的全生命周期业务范围内来定位。在以商业生态系统支持的运作环境中，考察制造企业的生态位节点、具体在产业链的哪个位置上、和提供服务业务的服务企业的关联。同时还要确定制造企业的哪些产品业务需要生产性服务，需要的生产性服务由哪些服务企业来提供等。

(2)产品业务的服务规划。制造企业驱动的生产性服务功能融合，要在产业链上确定制造企业的产品业务服务，将产品制造过程中的哪些业务外包给服务企业，产品制造过程中的哪些业务从服务企业获得资源来完成，产品制造过程中哪些业务和服务企业共同完成等。生产性服务的服务业务由制造企业提出要求，以生产性服务弥补制造企业的不足，在服务企业中寻求具有竞争力的合作伙伴。

(3)产品业务生产性服务选择。产品业务的生产性服务选择主要包含两类：一类是制造企业以产品业务需要为动力，选择最优的生产性服务；另一类是制造企业以提高企业竞争力为动力，选择合适的生产性服务。前者选择的是短期目标，保障产品业务高质量完成；后者选择的是长期目标，确立制造企业在产业链上的位置与权重。

(4)产品业务服务功能映射。在需求模块化的基础上，制造企业优化产品功能模块，使得产业链上的产品需求与制造企业生产产品之间高度耦合，基于映射规则实现需求模块与功能模块的一一对应。在映射规则上设置上下阈值，进行动态修正，使之与产品需求的动态决策相适应，在产品需求与功能之间实现柔性转化，基于工业智能保障产品业务需求与功能的优化匹配。

(5)产品业务服务功能模块化。针对服务企业提供的生产性服务，确定产品业务的功能范围，设计功能模块细化粒度，循序渐进地设计产品业务功能模块化方法。在产品需求功能映射的约束下，研制产品业务服务的功能模块、规范产品业务服务功能模块、优化产品业务服务功能模块。构建功能模块要结合制造企业自身优势，也可以联合其他服务企业来设计功能模块。

(6)产品业务服务功能产业化。制造企业核心业务之外的服务功能由服务企业来完成，通过分工细化促进服务企业的发展，产品业务服务产业更加专业化，这些产业就是生产性服务产业。制造企业需求扩大，为服务企业提供了更多的产业机会，围绕制造企业的产品业务，每一个产品业务服务功能模块都有机会发展成为产业，促进制造与服务的纵向融合。

(7)制造企业产业链定位。制造企业驱动的生产性服务功能融合，要在产业链进一步确定制造企业的位置，具体到上游服务企业的节点数与节点权重，对每个节点对应的服务企业及其产业情况进行动态追踪。制造企业在产业链上逐步提升自己的权重，基于服务企业提供的生产性服务提升企业竞争力；同时，基于主导产业链的定位，选择和改造服务企业，共同制造更好的产品，优化产业链上的资源配置。

5.3.3　制造与服务纵向集成的流程融合方法

在制造与服务纵向集成中，功能模块与流程模块一一对应，根据细化的功能模块来设计具体的实施步骤，使生产性服务得以实现。同样采用模块化方法，针对每个生产性服务的功能模块，设计详细的执行方案，调度制造资源与服务资源，执行具体的生产性服务。制造与服务融合的纵向集成也是组合不同流程模块的过程，在集成中实现融合。流程模块可以针对功能模块设计不同的方案，使得产业链上的功能模块更具有柔性，优化流程模块也是纵向集成的关键问题之一。

1. 产业链上服务企业与制造企业的生产性服务流程融合

生产性服务流程融合通过纵向集成来实现，流程集成与功能集成类似，更注重对应功能的实现时间序列。制造企业通过产品功能模块确定业务执行步骤，生成产品流程模块；而服务企业通过服务功能模块确定服务提供策略，生成服务流程模块。产品流程模块和服务流程模块统称为制造服务流程模块。纵向集成的流程集成就是将制造服务流程模块按照设定的规则存储管理，集成在智能制造服务平台上。产业链上服务企业与制造企业的生产性服务流程融合如图 5.14 所示。

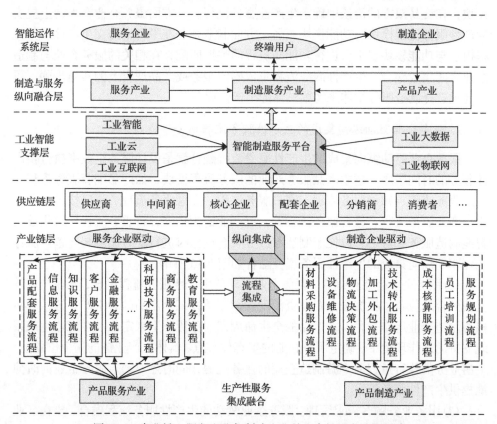

图 5.14　产业链上服务企业与制造企业的生产性服务流程融合

(1)产品服务产业流程集成。服务企业驱动的生产性服务流程与功能模块对应，表现为各类产品服务产业，具体为产品配套服务流程、信息服务流程、知识服务流程、客户服务流程、金融服务流程、科研技术服务流程、商务服务流程、教育服务流程等。这些产品服务产业由服务企业来运作，生成产业链的前端业务，在生产性服务功能与流程之间建立映射关系，并由服务企业实施生产性服务流程，达成产业链上服务流程的纵向集成。

(2)产品制造产业流程集成。制造企业驱动的生产性服务流程与功能模块对应，表现为各类产品制造产业，具体为材料采购服务流程、设备维修流程、物流决策流程、加工外包流程、技术转化服务流程、成本核算服务流程、员工培训流程、服务规划流程等。这些产品制造产业由制造企业来运作，生成产业链的中端业务，在生产性服务功能与流程之间建立映射关系，并由制造企业实现生产性服务流程，达成产业链上制造流程的纵向集成。

(3)生产性服务流程集成融合。在智能制造服务平台上，生产性服务流程集成管理通过服务企业和制造企业提供的各类流程模块，设计不同的生产性服务流程模块，在交易双方的洽谈中确定生产性服务流程。一方面服务企业在平台上提交生产性服务流程模块与功能模块，另一方面制造企业在平台上提交生产性服务流程模块与功能模块。平台进行功能与流程的映射匹配，在相关的服务企业与制造企业之间集成融合。生产性服务流程集成确定服务或产品逻辑上的实施步骤，可以通过选择制造服务主体来实施具体的生产性服务。

2. 服务企业驱动纵向集成的生产性服务流程融合

服务企业驱动纵向集成的生产性服务流程融合就是设计服务企业来执行生产性服务的时间顺序，建立产品服务产业的服务流程模块，如产品配套服务流程、信息服务流程、知识服务流程、客户服务流程、金融服务流程、科研技术服务流程、商务服务流程、教育服务流程等。以产业链为依据，将服务流程模块集成在智能制造服务平台上，以便于制造与服务融合运作时进行实时调度与配置。服务企业驱动纵向集成的生产性服务流程融合如图 5.15 所示。

(1)服务企业生态位确定。服务企业驱动的生产性服务流程融合，要在产业链上找到合适位置，根据服务企业资源配置情况选择某个产品的若干产业链，分析核心制造企业运作过程，在产品的全生命周期业务流程上来定位。在商业生态系统支持的运作环境中，确定服务企业的生态位节点、具体在产业链的哪个位置上、上游业务的执行过程、下游制造企业的业务过程，同时还要确定服务企业何时何地提供生产性服务等。

(2)服务业务顾客需求管理。服务企业驱动的生产性服务流程融合，要在产业链上确定制造企业作为顾客的需求状况，依据生态位的权重，分析制造企业的各类生产性服务需求的重要程度、需求类别、服务供应等。从服务企业角度考察服

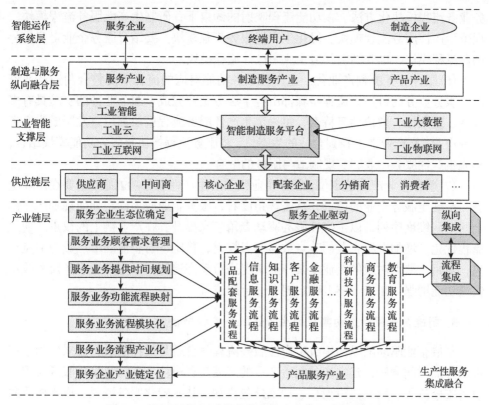

图 5.15　服务企业驱动纵向集成的生产性服务流程融合

务对象的顾客需求，分清轻重缓急，制定服务实施计划，反馈顾客服务体验等，并且将顾客需求的变更作为服务流程改进的持续动力，通过生产性服务流程优化提升顾客满意度。

(3) 服务业务提供时间规划。根据生产性服务功能模块，设计服务功能模块对应的服务流程模块，从时间维度上规划服务功能模块的实施步骤，计算服务时间、资源配送时间、人员到位时间、服务提供时间、服务完结时间等变量，在服务企业资源约束条件下规划提供服务功能模块的执行时间序列，并依据服务流程中的柔性特点进行动态调整。

(4) 服务业务功能流程映射。在服务业务提供时间规划的基础上，确定生产性服务流程模块，基于映射规则实现流程模块与功能模块的一一对应。在映射规则上设置上下阈值，并进行动态修正使之与功能的动态决策相适应，在流程与功能之间实现柔性转化，以工业智能保障流程与功能的优化匹配。在功能流程映射的同时，提供流程模块与功能模块的交互。

(5) 服务业务流程模块化。针对服务企业的生产性服务功能，确定服务业务的流程机制，计算流程模块细化粒度，配合功能模块进行流程模块的划分，设计服务业务流程模块化方法。在功能流程映射的约束下，研制生产性服务流程模块、规范生产性服务流程模块、优化生产性服务流程模块。要结合服务企业自身优势构建流程模块，也要围绕制造企业来设计流程模块。

(6) 服务业务流程产业化。生产性服务功能对应的流程需要整合制造产业资源，服务业务的每一个流程步骤都由各个服务企业完成，服务业务的实施具有多样性、复杂性、虚拟性等特点，每一个生产性服务流程模块都可以发展成为服务业务产业。在产业链上找到合适的生态位，将服务流程模块与服务功能模块结合，形成生产性服务产业，实现制造与服务的融合。

(7) 服务企业产业链定位。服务企业驱动的生产性服务功能融合，要在产业链进一步确定服务企业的位置，从流程角度看，服务企业应该确定如何规划产业链上的时间维度序列，以生产性服务驱动者角色来提升其在产业链上的权重。通过流程优化，增加上游企业的节点数与节点权重，稳定下游企业的节点数与节点权重，对每个节点对应的企业及其产业情况进行动态追踪。以生产性服务流程改造促进功能增强，在产业链上确定拥有适合的位置。

3. 制造企业驱动纵向集成的生产性服务流程融合

制造企业驱动的纵向集成生产性服务流程融合就是设计制造企业来应用生产性服务的时间顺序，建立产品制造产业的产品流程模块，如材料采购服务流程、设备维修流程、物流决策流程、加工外包流程、技术转化服务流程、成本核算服务流程、员工培训流程、服务规划流程等。以产业链为依据，将产品流程模块集成在智能制造服务平台上，以便于制造与服务融合运作时进行实时调度与配置。制造企业驱动纵向集成的生产性服务流程融合如图5.16所示。

(1) 制造企业生态位确定。制造企业驱动的生产性服务流程融合，要在产业链上找到合适位置，可以选择某个产品的产业链，确定提供生产性服务的服务流程，在产品的全生命周期业务范围内来定位。在商业生态系统支持的运作环境中，确定制造企业的生态位节点、具体在产业链的哪个位置上、提供服务业务的执行过程，同时还要确定制造企业所需要生产性服务的业务过程、需要的生产性服务由哪些服务企业何时何地来提供等。

(2) 产品业务服务企业管理。制造企业驱动的生产性服务功能融合，要在产业链上确定制造企业的产品业务服务流程，根据流程需要管理服务企业，选择提供生产性服务的服务企业，围绕产品业务确定服务企业的生产性服务起止时间、服务价格、服务质量评价等，并对每一个生产性服务的执行过程进行监控，根据需要进行调整。生产性服务的服务业务流程由制造企业来主导，管理提供生产性服务的服务企业。

(3) 产品业务服务流程规划。产品业务的生产性服务确定之后，就要从时间维

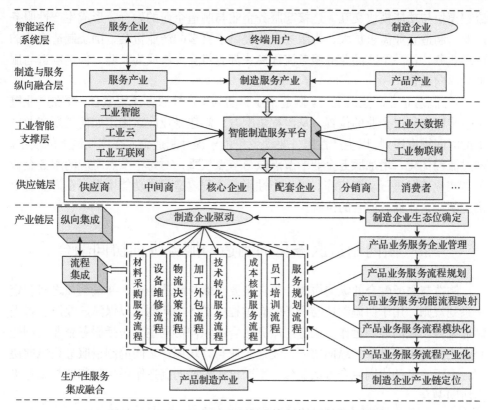

图 5.16　制造企业驱动纵向集成的生产性服务流程融合

度上规划服务过程，包括服务企业何时何地开始服务、服务功能模块的具体操作步骤、服务功能模块的服务时间、服务企业何时何地结束服务等；同时，制造企业设置生产性服务流程的基本规则、质量标准、参考价格等，以约束服务企业更好地完成服务流程。

（4）产品业务服务功能流程映射。在功能模块化基础上，制造企业优化产品流程模块，使得产业链上的产品功能与服务企业提供服务之间高度耦合，基于映射规则实现功能模块与流程模块的一一对应。在映射规则上设置上下阈值，进行动态修正，使之与产品功能的动态决策相适应，在产品流程与功能之间实现柔性转化，通过工业智能保障产品业务流程与功能的优化匹配。

（5）产品业务服务流程模块化。针对制造企业提供的生产性服务，确定产品业务服务的流程步骤，设计流程模块细化粒度，配合功能模块进行流程模块的划分，设计服务业务流程模块化方法。在功能流程映射的约束下，研制生产性服务流程模块、规范生产性服务流程模块、优化生产性服务流程模块。要结合制造企业自身优势构建流程模块，也要围绕制造企业来设计流程模块。

（6）产品业务服务流程产业化。制造企业的产品业务服务流程在模块化之后，流程模块与功能模块交互，连接起服务企业与制造企业的融合，形成生产性服务产业。制造企业需求扩大，为服务企业提供了更多的产业机会，围绕制造企业的产品业务，每一个产品业务服务流程模块都有机会发展成为产业，促进制造与服务的纵向融合。

(7)制造企业产业链定位。制造企业驱动的生产性服务流程融合，要在产业链进一步确定制造企业的位置，从流程角度看，制造企业应该确定如何规划产业链上的时间维度序列，以生产性服务驱动者角色来提升制造企业在产业链上的权重。通过流程优化，增加服务企业的节点数与节点权重，对每个节点对应的服务企业及其产业情况进行动态追踪。以生产性服务流程改造促进功能增强，在产业链上确定制造企业拥有适合的位置。

5.4　面向制造服务化的制造与服务纵向协同融合

制造与服务融合的纵向协同，是在服务企业与制造企业、终端用户之间制定一系列规则，用于协调制造与服务融合过程中的各类问题，以保障产业链上各类制造服务产业的顺利运作。制造与服务融合的纵向协同主要包括服务企业与制造企业之间的生产性服务纵向协同，制造企业与终端用户之间的制造服务化纵向协同，由于二者的协同融合方法类似，下面仅讨论面向制造服务化的制造与服务纵向协同融合。

5.4.1　制造服务化产业链的纵向协同

服务企业、制造企业、终端用户之间围绕某个产品形成一条连接前端、中端、后端的各个产业的链条，就是产业链。产业链上的每个制造服务主体都作为一个节点存在，节点以生态位表征其重要程度与影响力，这样在制造服务化过程中既构成了产业链，也实现了制造与服务的纵向融合。融合过程中各个节点的价值主张、业务活动、资源分配都存在协同问题，只有解决了纵向协同问题，才能实现制造与服务的融合。

1. 制造与服务融合的制造服务化产业链

制造业与服务业的运作模式随着工业智能的发展逐步趋向统一，这为制造与服务的融合提供了新的途径。制造业在产业链的前端、中端、后端都伴随着服务业的融合，产品研发、材料采购等前端产业伴随着生产性服务的支撑，产品设计、加工装配等中端产业伴随着生产性服务与制造服务化的协同，产品销售、产品服务化等后端产业伴随着制造服务化的创新。从智能制造的视角来看，制造与服务融合形成了一条完整的产业链，将相关企业进行整合升级，提供给终端用户一套产品服务系统，而制造与服务融合的过程就是制造服务化的过程。下面仅就制造企业与终端用户之间的制造服务化为例构建制造与服务融合的产业链。

制造服务化产业链集中在制造企业驱动制造与服务融合，终端用户驱动制造与服务融合，可以形成不同的融合过程。在产业链上，同样以生态位来度量每个制造服务主体的状态。例如，根据某个制造企业是处于产业的主导地位，还是处于产业的边缘地位，赋予不同的权重作为服务化的基础。通过划分产品的生命周期来建立产业链，制造服务化产业链主要包括产品加工产业、产品装配产业、产品配送产业、产品销售产业、产品服务产业、产品维修产业、产品服务定制产业等。每一类产业都有其特性，用以构造其产业链。

为了便于讨论，在商业生态系统中，假设有服务企业、制造企业、终端用户三类制造服务主体，这三类主体通过网络连接有千丝万缕的关系，我们从最简单的制造投入服务化和制造产出服务化关系来讨论。制造投入服务化在产业链前端，需要借助服务企业来提供产品制造所需要的各类资源；制造产出服务化在产业链后端，需要协同终端用户来满足各种服务化需求。可以采用模块化技术，将产业链上的各个产业都建立为制造服务模块，作为产业链上的各个节点，组成多条产业链交织的制造服务化网络。进一步以制造服务模块为单元进行智能调度与配置，实现制造与服务融合。

2. 制造服务化产业链纵向协同

制造服务化产业链纵向协同就是以各类制造服务化模式来组织产业链纵向的制造服务运作，可以是某些服务模块的组合协同，或者某些产品模块的组合协同，也可以是某些产品模块与服务模块的组合协同。产业链纵向协同主要通过制造与服务业务的相互渗透来实现，协同过程中制定相互认可的规则，完成制造服务运作，通过整合产业链前后端的生产与服务资源，构建面向客户需求提供全面解决方案的产品供应模式。

在基于产品整合的增值服务中，根据总集成总承包服务来协同成套安装、运行维护、定制服务、产品设计、方案咨询、系统设计等；根据集成化的专业运营服务来协同设计、规划、制造、施工、培训、维护、运营一体化的服务和解决方案等。

在基于产品交易便捷化的增值服务中，根据多元化的金融融资服务来协同消费信贷服务、融资租赁服务等；根据便捷化的电子商务服务来协同期货电子采购、现货电子采购等；根据精准化的供应链管理服务来协同实时补货、零部件管理、供应商库存管理、专业物流服务、逆向物流服务等。

在基于需求的增值服务中，通过构建基于动态性需求的一体化解决方案来协同挖掘客户的潜在需求、替客户打理企业的各种运营职能、提高运转效率或降低成本、建立企业核心竞争力、向客户提供解决关键问题的方案等。

在基于产品效能提升的增值服务中，根据实时化的在线支持服务来协同产品的远程诊断、实时维修、外包服务、运营服务等；根据个性化的产品设计服务来协同个性化产品设计、个性化客户体验等；根据动态化的个性体验服务来协同个性化应用、基于位置的服务等。

3. 基于工业智能的制造服务化产业链纵向协同模型

制造服务化产业链纵向协同的内容繁杂，在产业链上的各类增值服务模式层出不穷，可以通过构建一个统一的模型来处理。新工业革命为产业链纵向协同提供了便捷的工业智能技术。可以在智能制造服务平台支撑下实现产业链纵向协同，同样是采用模块化方法，将产品或服务细化为功能模块与流程模块，分别根据具体活动设计模块，并提供功能模块与流程模块的协同交互渠道，实现制造服务化产业链纵向协同。基于工业智能的制造服务化产业链纵向协同模型如图5.17所示。

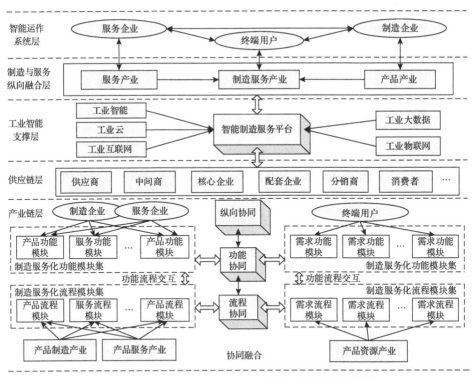

图 5.17　基于工业智能的制造服务化产业链纵向协同模型

(1)智能运作系统层。基于协同主题，在服务企业、制造企业、终端用户之间具体运作制造服务化活动，包括服务企业如何为制造企业提供服务，或者提供配套产品；制造企业如何加工装配满足终端用户需求的产品；服务企业如何配合制造企业为终端用户提供服务等。

(2)制造与服务纵向融合层。服务企业规划了服务，制造企业提供了产品，终端用户提出制造服务化需求，根据需求服务和产品重新配置组合，生成制造服务系统，在终端用户需求与方案协同中确定最优产品服务系统，使得三方共赢。

(3)工业智能支撑层。新工业革命提供了工业智能技术，来支撑制造与服务的融合。其中制造服务平台用来管理制造与服务融合的运作。工业物联网连接各类制造服务主体资源，实现资源共享与实时交互，工业大数据集中管理制造服务主体数据与分析，将智能制造服务平台构建在工业云上，统一配置制造服务化运作，具体的制造服务化运作通过工业智能来决策。

(4)供应链层。制造服务化产业链纵向协同与供应链平行，供应链前端连接产品多级的材料供应与核心企业，供应链后端连接产品多级销售与消费者。供应链为制造与服务融合提供业务基础，敏捷响应各类制造服务主体的需求。

(5)产业链层。作为制造服务化纵向协同的核心层，实现各类制造服务化模块之间的协同，主要是功能协同与流程协同两方面，同时功能流程之间也要实现交互。制造服务化业务就是制造企业与服务企业共同提供产品模块或服务模块，实现功能，再配合流程模块实现业务；而终端用户也要和制造企业协同需求功能模块，同样配合需求流程模块来提出制造服务化要求。

5.4.2　制造与服务纵向协同的功能融合方法

在制造与服务纵向协同中，针对复杂的产业运作采用模块化方法，在产品模块的基础上，融合服务模块，根据终端用户的个性化需求，提供产品服务系统，实现制造服务化。制造与服务融合的纵向协同就是组织不同功能模块的过程，在协同中实现融合，从产业链的角度看，是提供制造企业与终端用户的协同，需要制造服务主体来制定与定义功能模块、智能制造服务平台来管理功能模块的协同。

1. 产业链上制造企业与终端用户的制造服务化功能融合

制造服务化功能融合通过纵向协同来实现，协同可以通过制造企业来驱动，也可以通过终端用户来驱动。制造企业根据产品制造产业确定产品与服务，生成产品服务功能模块；而终端用户根据产品资源产业确定顾客需求，生成需求功能模块。产品服务功能模块和需求功能模块统称为制造服务功能模块。纵向协同的功能融合就是根据制造服务功能模块之间的业务逻辑设计协同规则与协同模式，并在智能制造服务平台上存储管理。产业链上制造企业与终端用户的制造服务化功能融合如图 5.18 所示。

(1)产品制造产业功能协同。制造企业驱动的制造服务化功能表现为各类产品制造产业，具体为产品加工协同功能、产品装配协同功能、产品质检协同功能、产品研发协同功能、产品销售协同功能、产品服务化功能、服务过程协同功能、服务企业协同功能等。这些产品制造产业由制造企业来运作，生成产业链的中端业务，在制造服务化业务与功能之间建立映射关系，并由制造企业实现制造服务化业务，获得产业链上的生态位。

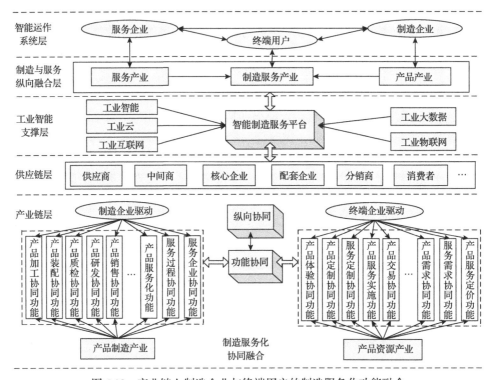

图5.18　产业链上制造企业与终端用户的制造服务化功能融合

(2)产品资源产业功能协同。终端用户驱动的制造服务化功能表现为各类产品资源产业，具体为产品体验协同功能、产品定制协同功能、服务定制协同功能、产品服务实施功能、产品交易协同功能、产品需求协同功能、服务需求协同功能、产品服务定价功能等。这些产品资源产业由终端用户来运作，生成产业链的后端业务，在制造服务化业务与功能之间建立映射关系，并由终端用户实现制造服务化业务，获得产业链上的生态位。

(3)制造服务化功能协同融合。在智能制造服务平台上，制造服务化功能协同管理根据制造企业和终端用户提供的各类功能模块，设计不同的制造服务化功能模块，在交易双方的洽谈中确定制造服务化的功能。一方面制造企业在平台上提交制造服务化功能模块，另一方面终端用户在平台上提交制造服务化需求模块。平台进行功能与需求的映射匹配，在相关的制造企业与终端用户之间协同融合。制造服务化功能协同只是确定服务或产品逻辑上的关联，具体实现还需要规划制造服务化的流程。

2. 制造企业驱动纵向协同的制造服务化功能融合

制造企业驱动的制造服务化功能融合就是以制造企业为主导设计规划与产品服务相关的功能，建立产品服务产业的产品服务功能模块，如产品加工协同功能、产品装配协同功能、产品质检协同功能、产品研发协同功能、产品销售协同功能、产品服务化功能、服务过程协同功能、服务企业协同功能等。以产业链为依据，在智能制造服务平台上进行产品服务功能模块协同，以便于制造与服务融合运作顺利实现。制造企业驱动纵向协同的制造服务化功能融合如图 5.19 所示。

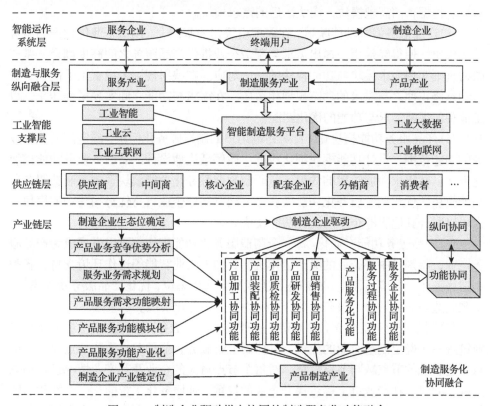

图 5.19　制造企业驱动纵向协同的制造服务化功能融合

（1）制造企业生态位确定。制造企业驱动的制造服务化功能融合，要在产业链上找到合适位置，可以选择某个产品的产业链，确定核心制造企业，在产品的全生命周期业务范围内来定位。在商业生态系统支持的运作环境中，确定制造企业的生态位节点，确定上游节点服务业务，确定中游节点产品业务，制造企业主导制造服务化，将产品业务与服务业务融合，以生态位确定制造服务化程度。

（2）产品业务竞争优势分析。制造企业驱动的制造服务化功能融合，要在产业链上确定制造企业生态位的权重，在同类制造企业中分析自身的优势产品业务，避免重复性低水平产品业务。通过竞争分析，确定制造企业的产品业务，在产品创新中增强竞争力，在产业链上找到符合自己的服务企业，或者为目标终端用户研制新的产品服务业务。制造服务化的产品服务业务根据终端用户的需求和满意度来度量生态位的权重。

(3)服务业务需求规划。完成产品服务业务的战略定位之后，还需要围绕终端用户的需求规划产品服务业务。在产业链上针对终端用户进行需求动态管理，不断提升产品服务业务竞争力。将终端用户的各类制造服务化需求转化为模块化的需求规格，生成产品服务需求模块，具体到制造企业能提供的产品服务模块与之对应。挖掘新的需求模块，淘汰落后的需求模块。

(4)产品服务需求功能映射。在需求模块化的基础上，制造企业优化产品服务功能模块，使得终端用户提出需求与制造企业提供产品服务之间高度耦合，基于映射规则实现需求模块与功能模块的一一对应。在映射规则上设置上下阈值，进行动态修正使之与需求的动态规划相适应，在需求与功能之间实现柔性转化，以工业智能保障需求与功能的优化匹配。

(5)产品服务功能模块化。针对终端用户的制造服务化需求，确定产品服务业务的功能范围，设计功能模块细化粒度，循序渐进地设计产品服务业务功能模块化方法。在需求功能映射的约束下，研制制造服务化功能模块、规范制造服务化功能模块、优化制造服务化功能模块。要结合制造企业自身优势构建功能模块，也可以联合其他服务企业来设计功能模块。

(6)产品服务功能产业化。每一个制造服务化功能模块都可以发展成为产品服务产业，特别是中小企业的灵活运作机制，加上工业智能等运作环境支持，各类制造服务化产业应运而生。在产业链上找到合适生态位，优化产品服务功能模块，实现制造与服务融合。服务业务产业化为制造服务化发展奠定基础。

(7)制造企业产业链定位。制造企业驱动的制造服务化功能融合，最后要在产业链进一步确定制造企业的位置，具体到上游服务企业的节点数与节点权重，中游制造企业的节点数与节点权重，对每个节点对应的企业及其产业情况进行动态追踪。同时，在产业链上逐步提升企业的权重，如服务化、智能化、个性化等特性增强。一方面优选上游产业节点，获取优质服务；另一方面提高产品服务化水平，稳定终端用户。

3. 终端用户驱动纵向协同的制造服务化功能融合

终端用户驱动的制造服务化功能融合就是从终端用户视角来设计规划产品服务相关的功能，建立产品资源产业的产品服务功能模块，如产品体验协同功能、产品定制协同功能、服务定制协同功能、产品服务实施功能、产品交易协同功能、产品需求协同功能、服务需求协同功能、产品服务定价功能等。以产业链为依据，在智能制造服务平台上协同产品服务功能模块，以便于制造与服务融合运作顺利实现。终端用户驱动纵向协同的制造服务化功能融合如图 5.20 所示。

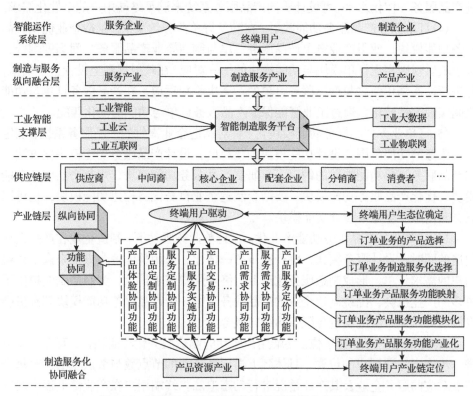

图 5.20　终端用户驱动纵向协同的制造服务化功能融合

（1）终端用户生态位确定。终端用户驱动的制造服务化功能融合，要在产业链上找到合适位置，可以选择某个产品的产业链，确定提供制造服务化的制造企业，在产品的全生命周期业务范围内来定位。在商业生态系统支持的运作环境中，确定终端用户的生态位节点、具体在产业链的哪个位置上、和提供产品服务业务的制造企业的关联，同时还要确定终端用户需要的产品服务系统由哪些制造企业来提供、需要的产品服务系统由哪些服务企业来提供等。

（2）订单业务的产品选择。终端用户驱动的制造服务化功能融合，要在产业链上明确终端用户的订单业务，将个性化需求转化为订单业务，订单包含产品和服务需求，产品需求由制造企业来满足，制造服务化是围绕产品来实现的。根据制造企业提供的产品展示，终端用户通过智能制造服务平台来选择产品，生成订单。制造服务化的订单业务由终端用户提出要求，通过制造服务化弥补制造企业的不足，在服务企业中寻求具有竞争力的合作伙伴。

（3）订单业务制造服务化选择。订单业务的制造服务化选择主要包含两类：一类是终端用户以产品为核心，选择最优的服务业务；另一类是终端用户以服务为核心，选择租赁产品的模式。但是订单提出制造服务化需求后，制造企业需要改进产品服务一体化水平，可设计不同产品服务系统来满足终端用户的个性化需求。

(4)订单业务产品服务功能映射。在满足订单业务约束下，制造企业优化产品服务功能模块，使得产业链上产品服务订单与制造企业产品服务之间高度耦合，基于映射规则实现订单模块与功能模块的一一对应。在映射规则上设置上下阈值，并进行动态修正使之与产品服务订单的动态决策相适应，在产品服务订单与功能之间实现柔性转化，通过工业智能保障产品服务订单与功能的优化匹配。

(5)订单业务产品服务功能模块化。针对制造企业提供的产品服务系统，确定产品服务的功能范围，设计功能模块细化粒度，设计产品服务功能模块化方法。在产品服务订单功能映射的约束下，研制产品服务功能模块、规范产品服务功能模块、优化产品服务功能模块。要结合制造企业自身优势构建功能模块，也可以联合其他服务企业来设计功能模块。

(6)订单业务产品服务功能产业化。在订单业务驱动下，制造企业在产品设计制造的同时，设计服务模式，将产品服务一体化，采用整体解决方案来满足终端用户的需求订单，形成制造服务化产业。终端用户需求扩大，为制造企业提供了更多的产业机会，围绕制造企业的产品业务，每一个产品服务功能模块都有机会发展成为产业，促进制造与服务的纵向融合。

(7)终端用户产业链定位。终端用户驱动的制造服务化功能融合，要在产业链进一步确定终端用户的位置，具体到上游服务企业的节点数与节点权重，对每个节点对应的服务企业及其产业情况进行动态追踪。终端用户在产业链上逐步提升自己的权重，通过制造企业提供的产品服务系统获得更好的顾客体验；同时，作为产业链末端的产品服务系统使用者，持续提出新的需求，驱动制造企业的制造服务化进程，促进制造与服务的纵向融合。

5.4.3　制造与服务纵向协同的流程融合方法

在制造与服务纵向协同中，功能模块与流程模块一一对应，根据细化的功能模块来设计具体的实施步骤，使制造服务化得以实现。同样采用模块化方法，针对每个制造服务化的功能模块，设计详细的协同方案，确定产品制造与服务规划，执行具体的制造服务化。制造与服务融合的纵向协同也是组织不同流程模块的过程，在协同中实现融合。流程模块可以针对功能模块设计不同的方案，使得产业链上功能模块更具有柔性，优化流程模块也是纵向协同的关键问题之一。

1. 产业链上制造企业与终端用户的制造服务化流程融合

制造服务化流程融合通过纵向协同来实现，流程集成与功能集成类似，更注重对应功能的实现时间序列。制造企业根据产品服务功能模块确定业务执行步骤，生成产品服务流程模块；而终端用户根据需求功能模块确定产品服务要求，生成需求流程模块。产品服务流程模块和需求流程模块统称为制造服务流程模块。纵向协同的流程协同就是在智能制造服务平台上协同制造服务流程模块，并进行存储管理。产业链上制造企业与终端用户的制造服务化流程融合如图 5.21 所示。

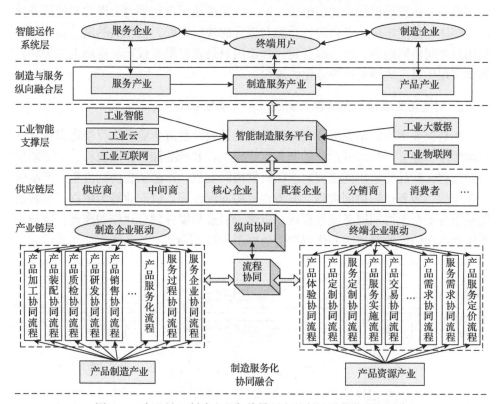

图 5.21　产业链上制造企业与终端用户的制造服务化流程融合

　　(1)产品制造产业流程协同。制造企业驱动的制造服务化流程与功能模块对应，表现为各类产品制造产业，具体为产品加工协同流程、产品装配协同流程、产品质检协同流程、产品研发协同流程、产品销售协同流程、产品服务化流程、服务过程协同流程、服务企业协同流程等。这些产品制造产业由制造企业来运作，生成产业链的中端业务，在制造服务化功能与流程之间建立映射关系，并由制造企业实施制造服务化流程，达成产业链上服务流程的纵向集成。

　　(2)产品资源产业流程协同。终端用户驱动的制造服务化流程与功能模块对应，表现为各类产品资源产业，具体为产品体验协同流程、产品定制协同流程、服务定制协同流程、产品服务实施流程、产品交易协同流程、产品需求协同流程、服务需求协同流程、产品服务定价流程等。这些产品资源产业由终端用户来运作，生成产业链的后端业务，在制造服务化功能与流程之间建立映射关系，并由终端用户实现制造服务化流程，达成产业链上制造流程的纵向集成。

(3)制造服务化流程协同融合。在智能制造服务平台上，制造服务化流程协同管理根据制造企业和终端用户提供的各类流程模块，设计不同的制造服务化流程模块，在交易双方的洽谈中确定制造服务化的流程。一方面制造企业在平台上提交制造服务化流程模块与功能模块，另一方面终端用户在平台上提交制造服务化流程模块与功能模块。平台进行功能与流程的映射匹配，在相关的制造企业与终端用户之间协同融合。制造服务化流程协同只是确定服务或产品逻辑上的关联，具体实现还需要规划制造服务化的流程。

2. 制造企业驱动纵向协同的制造服务化流程融合

制造企业驱动的制造服务化流程融合就是设计制造企业来执行制造服务化的时间顺序，建立产品服务产业的服务流程模块，如产品加工协同流程、产品装配协同流程、产品质检协同流程、产品研发协同流程、产品销售协同流程、产品服务化流程、服务过程协同流程、服务企业协同流程等。以产业链为依据，在智能制造服务平台上协同服务流程模块，以便于制造与服务融合运作的实现。制造企业驱动纵向协同的制造服务化流程融合如图 5.22 所示。

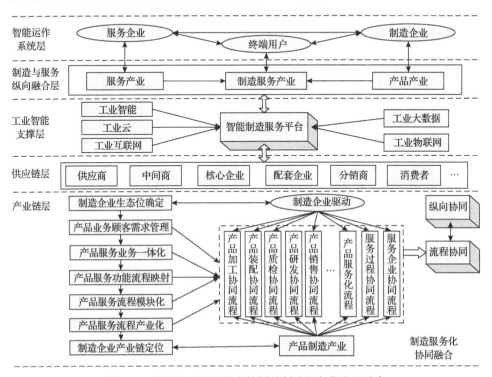

图 5.22 制造企业驱动纵向协同的制造服务化流程融合

(1)制造企业生态位确定。制造企业驱动的制造服务化流程融合，要在产业链上找到合适位置，根据制造企业资源配置情况选择某个产品的产业链，分析核心制造企业运作过程，确定产品服务业务过程。在商业生态系统支持的运作环境中，确定制造企业的生态位节点、具体在产业链的哪个位置上、上游服务业务的执行过程、中游制造企业的产品业务过程，同时还要确定制造企业协同产品与服务来实现制造服务化。

(2)产品业务顾客需求管理。制造企业驱动的制造服务化流程融合，要在产业链上确定终端用户作为顾客的需求状况，依据生态位的权重，分析终端用户的各类制造服务化需求的重要程度、需求类别、服务供应等。从制造企业角度考察产品服务对象的顾客需求，制定产品服务实施计划，反馈顾客产品服务体验等。并且将顾客需求的变更作为产品服务流程改进的持续动力，以制造服务化流程优化提升顾客满意度。

(3)产品服务业务一体化。根据制造服务化功能模块，设计产品服务功能模块对应的产品服务流程模块，将产品与服务统一为产品服务模块，达到产品服务业一体化，综合规划产品生产过程、服务实施过程、产品服务协同方式等，在制造企业资源约束条件下规划提供产品服务功能模块的执行时间序列，并依据产品服务流程中的柔性特点进行动态调整。

(4)产品服务功能流程映射。在产品服务业务一体化的基础上，确定制造服务化流程模块，基于映射规则实现流程模块与功能模块的一一对应。在映射规则上设置上下阈值，并进行动态修正使之与功能的动态决策相适应，在流程与功能之间实现柔性转化，通过工业智能保障流程与功能的优化匹配。在功能流程映射的同时，提供流程模块与功能模块的交互。

(5)产品服务流程模块化。针对制造企业的制造服务化功能，确定产品服务业务的流程机制，计算流程模块细化粒度，配合功能模块进行流程模块的划分，设计产品服务业务流程模块化方法。在功能流程映射的约束下，研发制造服务化的流程模块、规范制造服务化流程模块、优化制造服务化流程模块。要结合制造企业自身优势构建流程模块，也要围绕终端用户来设计流程模块。

(6)产品服务流程产业化。制造服务化功能对应的流程需要整合制造产业资源，产品服务业务的每一个流程步骤都是由各个服务企业与制造企业完成的。产品服务业务的实施具有多样性、复杂性、虚拟性等特点，每一个制造服务化流程模块都可以发展成为产品服务业务产业。在产业链上找到合适的生态位，将流程模块结合功能模块，形成制造服务化产业，实现制造与服务融合。

(7)制造企业产业链定位。制造企业驱动的制造服务化功能融合，要在产业链进一步确定制造企业的位置。从流程角度看，制造企业应该确定如何规划产业链上的时间维度序列，以制造服务化驱动者角色来提升其在产业链上的权重。通过流程优化，增加上游企业的节点数与节点权重，稳定中游企业的节点数与节点权重，对每个节点对应的企业及其产业情况进行动态追踪。以制造服务化流程改造促进功能增强，在产业链上确定拥有适合的位置。

3. 终端用户驱动纵向协同的制造服务化流程融合

终端用户驱动纵向协同的制造服务化流程融合就是设计终端用户来应用制造服务化的时间顺序，建立产品制造产业的产品服务流程模块，如产品体验协同流程、产品定制协同流程、服务定制协同流程、产品服务实施流程、产品交易协同流程、产品需求协同流程、服务需求协同流程、产品服务定价流程等。以产业链为依据，在智能制造服务平台上协同产品服务流程模块，以便于制造与服务融合运作的实现。终端用户驱动纵向协同的制造服务化流程融合如图5.23所示。

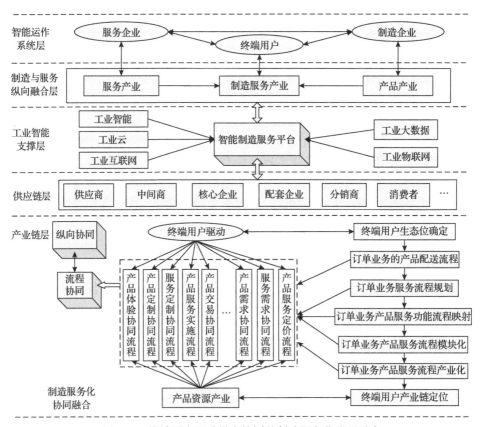

图5.23　终端用户驱动纵向协同的制造服务化流程融合

(1)终端用户生态位确定。终端用户驱动的制造服务化流程融合，要在产业链上找到合适位置，可以选择某个产品的产业链，确定提供制造服务化的服务流程，在产品的全生命周期业务范围内来定位。在商业生态系统支持的运作环境中，确定终端用户的生态位节点、具体在产业链的哪个位置上、提供产品服务的执行过程，同时还要确定终端用户所需要制造服务化的业务过程、需要的制造服务化由哪些制造企业何时何地来提供等。

(2) 订单业务的产品配送流程。终端用户驱动的制造服务化功能融合，要在产业链上确定终端用户的产品配送流程，根据流程需要管理制造企业，选择提供制造服务化的制造企业，围绕产品服务确定制造企业的产品配送起止时间、配送价格、物流质量评价等，并对每个产品配送的执行过程进行监控，根据需要进行调整。制造服务化的产品配送业务流程由终端用户来引导，平台管理提供制造服务化的制造企业。

(3) 订单业务服务流程规划。订单业务的制造服务化确定之后，就要在时间维度上规划服务过程，包括哪个企业何时何地开始服务、服务功能模块的具体操作步骤、服务功能模块的服务时间、服务企业何时何地结束服务等；同时，智能制造服务平台设置制造服务化流程的基本规则、质量标准、参考价格等，以约束制造企业更好地完成服务流程。

(4) 订单业务产品服务功能流程映射。在功能模块化的基础上，制造企业优化产品服务流程模块，使得产业链上的产品服务功能与制造企业提供产品服务之间高度耦合，基于映射规则实现功能模块与流程模块的一一对应。在映射规则上设置上下阈值，进行动态修正使其与产品服务功能的动态决策相适应，在产品服务流程与功能之间实现柔性转化，通过工业智能保障产品服务流程与功能的优化匹配。

(5) 订单业务产品服务流程模块化。针对终端用户提供的产品服务系统，确定产品服务的流程步骤，设计流程模块细化粒度，配合功能模块进行流程模块的划分，设计产品服务流程模块化方法。在功能流程映射的约束下，研制制造服务化的流程模块、规范制造服务化流程模块、优化制造服务化流程模块。要结合制造企业自身优势构建流程模块，也要围绕终端用户来设计流程模块。

(6) 订单业务产品服务流程产业化。制造企业的产品服务流程在模块化之后，流程模块与功能模块交互，连接起制造企业与终端用户的融合，形成制造服务化产业。终端用户需求扩大，为制造企业提供了更多的产业机会，围绕终端用户的产品订单业务，每一个订单业务服务流程模块都有机会发展成为产业，促进制造与服务的纵向融合。

(7) 终端用户产业链定位。终端用户驱动的制造服务化流程融合，要在产业链进一步确定终端用户的位置，从流程角度看，终端用户应该确定如何规划产业链上的时间维度序列，以制造服务化驱动者角色来提升终端用户在产业链上的权重。通过流程优化，增加制造企业的节点数与节点权重，对每个节点对应的制造企业及其产业情况进行动态追踪。以制造服务化流程改造促进功能增强，在产业链上确定终端用户拥有适合的位置。

5.5 本章小结

本章的主要研究工作可概括为如下几点。

(1)研究了制造与服务纵向融合内涵,将制造与服务融合需求映射到制造与服务融合产业,基于工业智能建立制造与服务纵向融合产业链模型。

(2)结合商业生态理论,从纵向融合角度研究产业集成,提出了面向生产性服务的产业链纵向集成方法,包含纵向功能集成与纵向流程集成。

(3)结合新工业革命技术,从纵向融合角度研究产业协同,提出了面向制造服务化的产业链纵向协同方法,包含纵向功能协同与纵向流程协同。

第6章 制造与服务融合管理平台模型

6.1 引 言

制造与服务融合涉及服务企业、制造企业、终端用户之间的制造服务活动，在商业生态系统中业务复杂，需要通过管理平台来沟通制造服务主体的业务往来，而新工业革命技术提供了较好的平台方案。采用一切即服务模式来架构制造与服务融合管理平台，基于工业物联网连通制造服务主体，基于工业大数据分析制造服务活动，以工业云调度制造服务资源，从而实现制造与服务融合。商业生态系统中各个制造服务主体生态位通过管理平台来确定，制造服务主体的价值创造与价值分配通过管理平台来决策，制造服务主体的产业集成与协同通过管理平台来实现。所有制造与服务融合中产生的功能需求以模块化方法设计成平台的功能模型，并对应功能模型来设计流程模型，通过功能与流程的相互映射促成制造服务的运作。同时制造与服务融合管理平台也要支持生产性服务与制造服务化业务、服务型制造业务、智能制造业务等。

本章针对制造与服务融合管理平台，提出一种基于一切即服务的制造与服务融合管理平台的建模方法，该方法首先采用商业生态理论分析制造服务主体之间的业务关系网络，基于生态位确定节点位置对平台的要求，以此来总体设计平台架构与基础设施；然后结合制造与服务融合中的功能需求来建立管理平台的功能模型，包括功能分析、功能定义、功能设计等；最后基于新工业革命技术构建管理平台的流程模型，研究适合制造与服务融合功能的具体流程，使得功能与流程一一对应，进行流程分析、流程定义、流程设计等。

6.2 制造与服务融合管理平台的总体设计

制造与服务融合管理平台是针对特定企业服务化需求而设计的信息化解决方案，通过平台来管理制造服务活动，并在服务企业、制造企业、终端用户之间构建商业生态系统，组织制造与服务融合业务，最终实现企业升级转型。作为制造服务主体交互的中介，制造与服务融合管理平台的总体设计主要解决平台核心任务、平台体系架构、平台基础设施等问题，采用新工业革命技术来构建平台，支撑制造与服务融合的实现。

6.2.1　制造与服务融合管理平台分析

制造与服务融合管理平台分析是确定平台的核心任务，通过企业历史数据分析企业现状，从区域或者行业角度分析在商业生态系统中的生态位，发现企业内部压力与外部挑战。平台从服务化角度提出企业转型的战略目标与战略计划，挖掘服务化转型的需求，逐步在产品中融合服务要素，以高附加值生产为目标实现制造与服务融合。

制造与服务融合管理平台分析的主要原则有如下三点：①根据工业大数据分析确定制造服务的业务边界，将产品要素与服务要素统一配置；②根据价值链分析确定制造与服务横向融合方案，对制造服务业务的价值创造与价值分配进行统一管理；③根据产业链分析确定制造与服务纵向融合方案，对制造服务业务的集成与协同进行统一控制。

制造与服务融合管理平台分析在共享服务企业、制造企业、终端用户数据的基础上，进行制造服务分析，以提高企业竞争力为目标制定企业转型驱动，设计服务体系。制造与服务融合管理平台采用新工业革命技术支持制造与服务融合管理，驱动制造企业转型；基于商业生态系统组织制造与服务融合活动，驱动制造服务业务。制造与服务融合管理平台主要包括制造服务分析、转型驱动、服务体系等。制造与服务融合管理平台分析如图 6.1 所示。

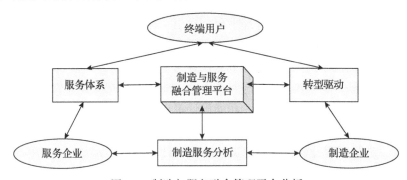

图 6.1　制造与服务融合管理平台分析

(1) 制造服务分析是以企业现状为基础，围绕产品设计服务要素，通过终端用户的个性化需求挖掘高附加值的产品服务，确定制造服务业务。制造服务业务通过模块化技术划分为产品模块与服务模块，并逐层分解，直到确定模块对应的提供者为止。制造服务分析是制造与服务融合的核心步骤，通过商业生态系统确定各类制造服务业务模块的权重，统一设计制造服务方案，并由产品模块与服务模块组合为制造服务业务。

(2) 转型驱动是针对企业的竞争分析明确其内部压力与外部挑战，发现转型需求，制定转型路径。制造企业转型需求主要有构建供应链体系、优化供应链设计、

选择合适的供应商、准确预测需求、优化配置资源等方面。服务化转型的路径主
要有提供个性化综合性的解决方案、主动的产品全生命周期支持服务、以客户服
务和资源支持为中心的服务管理模式、主动的供应链优化、以价值共创为导向的
管理目标等。

(3)服务体系是以制造服务业务为基础，确定服务目标与服务理念，进行服务
业务拓展与服务创新、剖析典型服务客户等，其中服务创新是关键，例如，陕鼓
集团在服务体系建立中的服务创新为：提供专业化全托式维修检修服务、设备的
更新改造预调剂转让服务、设备健康状况管理服务等。服务体系建立是制造与服
务融合的最终结果，服务是一个可持续过程，延长了产品生命周期，同时获得了
高附加值，是企业转型的必由之路。智能制造推进中服务体系建立是重要环节，
制造服务化的难点在于服务创新的差异化，缺乏固定模式。

6.2.2　制造与服务融合管理平台架构

制造与服务融合管理平台架构采用新工业革命技术来建立制造服务业务运作
的管理环境，平台以面向服务的制造为理念，以商业生态系统为基础，借用云制
造架构模式来设计。平台架构是制造与服务融合管理平台总体设计的核心，从供
应链角度，采用模块化方法设计基于价值链的横向融合与基于产业链的纵向融合。
平台架构从制造服务主体的融合资源出发，进行信息化、服务化、智能化，为制
造与服务融合提供技术支持。

制造与服务融合管理平台架构采用分布式结构，感知制造服务主体的多源数
据，基于工业大数据分析与决策来支撑制造与服务融合管理活动。平台架构的特
点主要有：①平台综合采用新工业革命技术连通制造服务主体，特别是通过工业
物联网将机器设备接入工业互联网；②平台具有强大的决策支持功能，特别是针
对模糊不确定的制造服务业务识别提供了较好的解决方案；③平台融入商业生态
系统中，实时把握商机，特别是全面管理制造服务主体的大数据需求分析，快速
提供制造与服务融合方法。

新工业革命中制造与服务融合管理平台通过对制造资源、服务资源、订单资
源的封装处理，进行虚拟化和模块化，并基于产品模块和服务模块组装各类制造
服务系统，最终通过制造服务系统与终端用户交易获取高利润。产品与服务的灵
活多变组合，一方面为服务企业与制造企业创造了商业机会，另一方面为终端用
户提供了制造服务，获得双赢。制造与服务融合管理平台架构如图 6.2 所示。

(1)商业生态系统层是制造与服务融合的应用，一般通过制造服务运作来实现
制造企业应用、服务企业应用、终端用户应用。在工业云环境中，终端用户不断
提出个性化需求，服务企业与制造企业响应用户需求，设计制造服务业务，将产
品业务交给制造企业完成，将服务业务交给服务企业完成；产品业务与服务业务

完成后融合为制造服务系统提供给终端用户来使用，终端用户支付货币购买制造服务系统实现商业生态系统的循环流通。

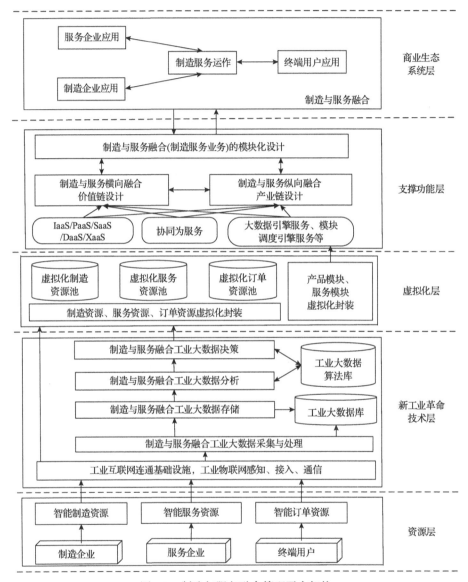

图 6.2　制造与服务融合管理平台架构

IaaS：infrastructure as a service，基础设施即服务；PaaS：platform as a service，平台即服务；SaaS：software as a service，软件即服务；DaaS：data as a service，数据即服务；XaaS：X as a service，一切即服务

(2)支撑功能层是制造与服务融合的核心,通过平台提供的基础服务来实现制造与服务融合的支撑功能。采用云制造技术提供基础服务，如一切即服务、协同为服务、大数据引擎服务、模块调度引擎服务等；采用模块化技术提供制造服务业务,

如制造与服务横向融合的价值链设计、制造与服务纵向融合的产业链设计等。

（3）虚拟化层是制造与服务融合的中介，通过工业互联网将制造资源、服务资源、订单资源虚拟化封装，并分别存入虚拟化制造资源池、虚拟化服务资源池、虚拟化订单资源池等。通过工业大数据与制造服务方案分析，在虚拟化资源池中选择资源封装为虚实映射的产品模块、服务模块，等待制造服务系统的调用。

（4）新工业革命技术层是制造与服务融合的基础，利用工业互联网连通基础设施，采用工业物联网感知并接入制造服务资源；同时将工业大数据采集和处理的制造与服务融合各类大数据进行存储、分析、决策，为制造服务业务智能化奠定基础。

（5）资源层是制造与服务融合的开端，从制造企业、服务企业、终端用户的各自制造服务相关业务开始，提出智能制造资源、智能服务资源、智能订单资源；同时采用数字孪生技术将各类实体资源映射为虚拟资源，提供虚实双向驱动的各类制造服务资源定义，并确定虚拟化制造服务资源的边界与内涵。

6.2.3　制造与服务融合管理平台基础设施

制造与服务融合管理平台基础设施主要包括制造服务运作管理的硬件和软件设施，硬件设施以工业互联网为基础，将制造企业、服务企业、终端用户的实体资源互联互通，实现数据共享、实时传递；软件设施以工业大数据为核心，对生产数据、服务数据、订单数据进行实时感知与分析，进而支持制造服务业务的决策。平台基础设施随着新工业革命的深入推进会持续更新技术，不断将颠覆性技术融入平台基础设施中。

制造与服务融合管理平台基础设施的硬件资源包括制造企业的机器接口与工业物联网器件、服务企业的服务位置信息与服务提供者状态、终端用户的通信设备接口与市场交易环境；制造与服务融合管理平台基础设施的软件资源包括制造企业的企业资源管理与制造服务化软件、服务企业的生产性服务系统与供应链管理、终端用户的顾客体验反馈与订单消费行为分析。

新工业革命中制造与服务融合管理平台通过工业互联网、移动互联网、工业物联网等技术感知制造服务主体数据，提供制造与服务融合管理的基础功能，根据工业大数据与边缘计算实现基于工业物联网的数据采集、数据通信、远程控制等功能，进而提供制造与服务融合的工业云集中管理制造服务业务运作。制造与服务融合管理平台基础设施如图 6.3 所示。

（1）边缘计算设施将繁杂的事务性管理信息系统配置在制造企业、服务企业、终端用户边缘，分布式处理制造服务业务模块，将处理结果上传工业云。边缘计算模式较好地解决了制造企业信息化集中管理的瓶颈，提高了制造服务主体的智能化水平。

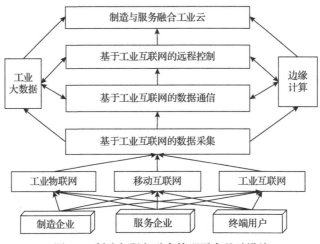

图 6.3 制造与服务融合管理平台基础设施

(2)基于工业物联网的数据采集通过各类传感设备采集工业大数据，进行收集、识别、选取、存储、管理。数据采集的核心功能是现场实时数据采集、自动存储、即时显示、及时反馈、自动处理、自动传输等。

(3)基于工业物联网的数据通信以工业现场总线、工业以太网、无线传感器网络为手段，提供全数字化、双向的、多节点的通信连接，实现现场控制设备的数字化和网络化。随着 5G 的成熟应用，数据通信能力会得到大幅提升。

(4)基于工业物联网的远程控制利用无线或电信号对远端的机器设备进行操作，操作者在现场远端通过遥控设备，通过传输通道将控制指令发送给现场近端控制器，再由近端控制器完成对被控机器设备的控制。远程控制核心功能是状态监控、设备维护、提供服务等。

(5)制造与服务融合的工业云采用云制造技术将制造企业、服务企业、终端用户的各类资源虚拟化、模块化，并针对制造服务方案配置制造服务模块，进而组装为制造服务系统。在商业生态系统中，工业云与边缘计算协同管理，提供制造与服务融合的各种信息化软件设施。

6.3 制造与服务融合管理平台的功能模型

制造与服务融合管理平台模型除了总体设计之外，还包括功能模型和流程模型，平台功能模型确定平台功能目标、核心功能、基础功能、扩展功能等，采用新工业革命技术支撑制造与服务融合；而流程模型是在商业生态系统中确定平台业务过程、核心业务流程、业务协同流程等，以及在生态位约束下各类制造服务功能对应的流程实现。在平台上功能模型与流程模型相互映射，实现制造与服务融合管理。

6.3.1　制造与服务融合管理平台的功能分析

制造与服务融合管理平台的功能分析是针对服务企业、制造企业、终端用户的具体需求进行制造与服务融合相关业务的分析。各个制造服务主体需求具有复杂性、动态性、实时性等特点，这就要求平台提供智能管理，通过优化模型支持功能分析，特别是制造与服务融合中的业务功能层出不穷，需要建立一组机制来实现功能需求与功能设计之间的映射。

制造与服务融合管理平台的功能分析可以利用新工业革命技术实现制造服务主体需求的实时感知、大数据分析、工业云调度等基础功能，同时以模块化方法封装各类制造与服务融合的业务功能，并通过设计实现。制造与服务融合业务简称制造服务业务，主要包含产品业务、服务业务、订单业务等，通过模块化设计生成产品模块、服务模块、订单模块等。通过模块组装就可以生成制造服务系统来实现各类功能。

在商业生态系统中，以制造服务业务的模块化设计为基础，进行制造与服务融合设计，主要包括制造与服务横向融合价值链设计、制造与服务纵向融合产业链设计、平台基础服务功能设计等。在新工业革命技术支撑下构建平台功能分析的实时环境，采用一切即服务模式处理各类功能需求，提升各类企业之间的智能集成水平。制造与服务融合管理平台的功能分析如图 6.4 所示。

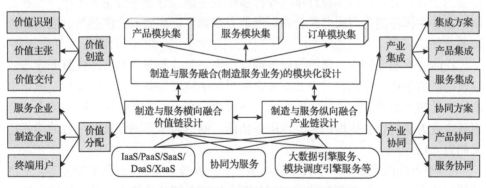

图 6.4　制造与服务融合管理平台的功能分析

（1）平台基础服务功能是平台所能实现的基础性功能，包括平台制造服务运作的一切即服务模式功能、协同为服务功能、大数据引擎服务功能、模块调度引擎服务功能等。为管理平台设计的业务功能正在持续增加和完善。

（2）平台制造与服务融合模块化设计功能主要是针对制造服务业务进行模块化设计的，如产品模块设计功能、服务模块设计功能、订单模块设计功能等。模块化功能设计应该合理划分系统模块、优化模块粒度、统一模块接口等。

(3)平台制造与服务横向融合价值链设计功能通过分析制造与服务横向融合，实现价值创造与价值分配功能。每个价值链功能设计方案通过采用价值识别、价值主张、价值交付来设计价值创造功能，通过服务企业、制造企业、终端用户等情况来设计价值分配功能。

(4)平台制造与服务纵向融合产业链设计功能通过分析制造与服务纵向融合，实现产业集成与产业协同功能。每个产业链设计方案通过采用集成方案、产品集成、服务集成来设计产业集成功能，通过考虑协同方案、产品协同、服务协同等情况来设计产品协同功能。

6.3.2　制造与服务融合管理平台的功能定义

制造与服务融合管理平台的功能定义是对制造服务业务能够满足客户需求的能力进行描述，可以是制造企业的各类产品业务，也可以是服务企业的各类服务业务。管理平台也会提供基础的服务功能，如制造服务主体的交互界面、系统访问登录、业务数据实时传递、工业大数据存储、制造服务运作管理等。平台基础功能随着新工业革命技术的更新而持续改进，如边缘计算与数字孪生技术的应用。

制造与服务融合管理平台功能定义主要是确定制造企业、服务企业、终端用户的核心功能，这些功能由具体产业业务来定义。制造企业围绕产品的生产过程确定通过管理平台达成的业务；服务企业围绕服务的实施流程确定通过管理平台达成的业务；终端用户围绕订单的操作步骤确定通过管理平台达成的业务。各类制造服务主体在制造与服务融合中拓展业务范围，提高服务价值业务，创新制造服务业务。

在商业生态系统中，制造与服务融合产生了制造服务化与生产性服务业务，前者是制造企业服务化，后者是服务企业提供中间性服务。制造服务化是依据生态位，针对产品设计服务化功能来满足终端用户需求；生产性服务种类繁多，是服务企业为制造企业提供的全方位服务功能。制造与服务融合管理平台的功能定义如表6.1所示。

(1)平台功能主要包括平台基础功能、平台数据功能、平台业务功能等。平台功能实现平台的新工业革命技术应用与商业生态系统环境构建，平台功能内涵丰富，持续改进，支撑各类制造服务主体的业务与制造服务运作。

(2)制造企业功能主要包括制造企业管理、产品设计制造、产品服务化等。制造企业在制造与服务融合中将部分业务交给平台统一管理，在享用平台资源的同时，专注于产品设计制造业务，并进行基于产品的服务化业务。

(3)服务企业功能主要包括服务企业管理、服务规划实施、服务产品化等。服务企业在制造与服务融合中将部分业务交给平台统一管理，在享用平台资源的同时，专注于服务规划实施业务，并进行基于服务的产品化业务。

表 6.1　制造与服务融合管理平台的功能定义

序号	制造服务功能	功能模块	描述
1	平台功能	平台基础功能	平台提供的各类交互与管理
		平台数据功能	平台大数据存储与分析
		平台业务功能	平台基础业务与扩展业务
2	制造企业功能	制造企业管理	平台管理制造企业业务
		产品设计制造	制造企业产品管理
		产品服务化	制造企业产品融合服务
3	服务企业功能	服务企业管理	平台管理服务企业业务
		服务规划实施	服务企业服务管理
		服务产品化	服务企业服务融合产品
4	终端用户功能	终端用户管理	平台管理终端用户业务
		订单生成交易	终端用户订单管理
		产品服务系统	终端用户体验产品服务
5	生产性服务功能	资金筹措管理	为企业提供融资服务
		人力资本管理	为企业提供人才服务
		物料供应管理	为企业提供物料服务
6	制造服务化功能	服务要素增强	产品服务功能设计
		制造服务融合	产品服务一体化
		服务模式创新	服务特征提取建模

　　(4)终端用户功能主要包括终端用户管理、订单生成交易、产品服务系统等。终端用户在制造与服务融合中将部分业务交给平台统一管理,在享用平台资源的同时,专注于订单生成交易业务,并体验产品服务系统,促进制造与服务融合。

　　(5)生产性服务功能主要包括资金筹措管理、人力资本管理、物料供应管理等。服务企业通过平台为制造企业提供中间性服务,解决制造企业的人力、资金、物料等方面的需求问题。生产性服务还包括各种针对制造企业的知识服务、信息咨询、数据管理等功能。

　　(6)制造服务化功能主要包括服务要素增强、制造服务融合、服务模式创新等。制造企业在生产产品的基础上,逐步提高服务要素的占比来实现产品增值,并将产品服务深度融合为制造服务系统提供给终端用户,获取双赢的价值创造。

6.3.3　制造与服务融合管理平台的功能设计

　　制造与服务融合管理平台的功能设计是在功能分析的基础上,在功能定义约束下进行具体业务的功能描述。功能设计将特定企业的需求映射为功能，并组织相关资源实现功能，各类功能需要与需求一一对应，并具有普适性，在某些行业或者区域形成规模化的功能群，以此组成制造与服务融合平台的功能集合。

制造与服务融合管理平台的功能设计一般要遵循如下原则：①根据新工业革命技术的适用范围来设计制造服务主体的功能，支持智能制造的实现；②在商业生态系统中通过生态位确定各类制造服务主体的功能定位，使得功能融入市场运作生态圈；③以制造与服务融合为目标，加强服务要素的权重，实现功能方案的价值增值。随着商业生态系统需求的变更，提供功能更新的智能化映射机制。

在商业生态系统中，制造与服务融合功能设计依赖于工业互联网技术与工业大数据管理，具体分为平台基础管理功能、平台模块化设计功能、平台价值链设计功能、平台产业链设计功能、平台制造服务业务管理功能、商业生态系统功能、工业大数据管理功能等类型，每大类中包含具体的核心功能与扩展功能，并且平台的具体功能随着历史数据更新与实时需求反馈进行动态化调整。制造与服务融合管理平台的功能设计如图 6.5 所示。

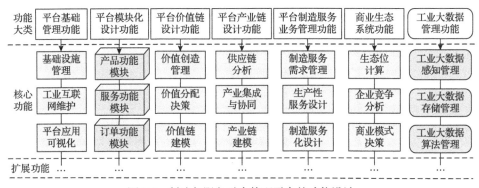

图 6.5　制造与服务融合管理平台的功能设计

（1）平台基础管理功能是实现功能运转的关键业务，主要包括基础设施管理、工业互联网维护、平台应用可视化等核心功能，扩展功能集中在新工业革命技术在平台的应用，如工业物联网管理、工业云调度、工业智能算法库、边缘计算管理、5G 网络组网、移动互联网等。

（2）平台模块化设计功能是平台管理的关键模式，主要包括产品功能模块、服务功能模块、订单功能模块等核心功能，扩展功能是辅助制造服务主体实现模块的补充，如产品服务化模块、服务产品化模块、模块集成、模块协同、模块存储、模块调度等。

（3）平台价值链设计功能是平台管理的重要业务之一，主要包括价值创造管理、价值分配决策、价值链建模等核心功能，扩展功能是围绕价值链构造的功能，如价值定义、价值网定义、价值层次分析、价值增值策略、价值活动分析、价值链优化等。

(4)平台产业链设计是平台管理的重要业务之一，主要包括供应链分析、产业集成与协同、产业链建模等核心功能，扩展功能是围绕产业链涉及业务的功能，如产业定义、产业演进分析、产业分布优化、区域产业链布置、行业产业链模型、产业链与供应链互动等。

(5)平台制造服务业务管理功能是平台管理的核心，主要包括制造服务需求管理、生产性服务设计、制造服务化设计等核心功能，扩展功能集中在制造与服务融合的应用模式，如产品服务系统、服务型制造、云制造、制造物联、分布式制造、社区化制造等。

(6)商业生态系统功能是平台管理的环境要素，主要包括生态位计算、企业竞争分析、商业模式决策等核心功能，扩展功能围绕商业生态系统相关活动来设计，如商业生态系统构造、服务企业生态分析、制造企业生态分析、终端用户生态分析等。

(7)工业大数据管理功能是实现功能的动力源泉，主要包括工业大数据感知管理、工业大数据存储管理、工业大数据算法管理等核心功能，扩展功能是围绕工业大数据应用的功能，如平台大数据分析、平台大数据决策、平台工业大数据可视化、历史数据聚类等。

案例研究：基于工业互联网的汽车行业制造与服务融合管理平台分析

汽车行业产业链长、覆盖面广，上游涉及钢铁、石化、橡胶、玻璃等产业，下游涉及金融、保险、维修、租赁等产业。汽车行业的制造与服务融合案例较多，都比较零散，总体上，汽车零部件企业、原材料供应企业、汽车技术研究院等可以作为服务企业，汽车加工装配企业可以作为制造企业，汽车消费者可以作为终端用户。为汽车加工装配企业提供服务称为生产性服务，为汽车消费者提供产品与服务称为制造服务化。

1)汽车行业制造与服务横向融合价值链

基于工业互联网的汽车行业制造与服务融合管理平台的核心业务之一就是实现汽车行业制造与服务横向融合价值链。分析汽车行业各类制造服务活动，基于价值链设计制造与服务横向融合，进行价值识别、价值主张、价值交付等制造服务价值创造；同时，在制造服务主体之间进行制造服务价值分配。以汽车制造企业的个性化定制系统为例，主要价值链活动有电商平台、整车编码服务、汽车 BOM平台、生产计划模式、制造执行系统、企业服务总线接口、用户订单实时跟踪等，汽车服务企业与汽车制造企业共同提供个性化定制系统给汽车消费者，各自主张制造服务价值，并参与分配汽车制造服务价值。

2) 汽车行业制造与服务纵向融合产业链

基于工业互联网的汽车行业制造与服务融合管理平台的核心业务还有实现汽车行业制造与服务纵向融合产业链。分析汽车行业各类制造服务产业，通过产业链设计来驱动制造与服务纵向融合，进行汽车产业模块功能集成与流程集成；同时，在汽车制造服务主体之间进行汽车产业功能与流程协同、汽车产业产品与服务协同。以汽车制造企业的出行服务为例，主要产业链活动有专车、帮忙取送、自游行、绿色公务、亲密账户、签约保姆车等。吉利集团成立曹操出行，采用新能源汽车、公车公营、认证司机等模式，通过纵向整合公务商旅人士出行前、出行中并延伸到出行目的地的需求，在产业链上实现汽车行业制造服务化。

3) 汽车行业制造与服务融合管理平台

国内外领军企业提供了几种典型的工业互联网主流平台，可以作为构建汽车行业制造与服务融合管理平台的参考。例如，通用电气公司提供的 GE Predix 平台面向汽车、风电、制造、运输等行业的调度物流、连接产品、产品分析、运营优化等应用场景，包括边缘服务、云平台、应用服务等；西门子股份公司提供的 MindSphere 平台是一种基于云的开放式物联网操作系统，可以实时连接机器和物理基础设施等，采用应用层、开放 PaaS 层、连接层等多层架构，实现平台服务、网关服务、边缘和分析服务、运营管理服务等；海尔集团提供的 COSMOPlat 平台引入用户全流程参与体验，实现大规模定制，主要包括用户交互、研发创新、智能制造、智能物流、协同采购、智能服务、精准营销等功能，通过技术基础模块、核心价值模块、融合服务工具等能力来实现。

汽车行业制造与服务融合管理平台的功能模型用来确定平台功能目标、核心功能、基础功能、扩展功能等，采用边缘计算技术支撑制造与服务融合；而流程模型用于在商业生态系统中确定平台业务过程、核心业务流程、业务协同流程等，在生态位约束下完成各类制造服务功能对应的流程实现。在平台上功能模型与流程模型相互映射，实现制造与服务融合管理。以边缘计算驱动制造与服务融合管理平台的功能模型，以工业云驱动制造与服务融合管理平台的流程模型，功能模型与流程模型构建方法类似，下面仅分析汽车行业制造与服务融合管理平台的功能模型。

汽车行业制造与服务融合管理平台的功能分析可以采用工业互联网技术实现制造服务主体需求的实时感知、大数据分析、工业云调度等基础功能，同时以模块化方法封装各类汽车行业制造与服务融合的业务功能，分别进行设计实现。汽车行业制造与服务融合业务简称制造服务业务，主要包含汽车产品业务、汽车服务业务、汽车订单业务等，通过模块化设计生成汽车产品模块、汽车服务模块、汽车订单模块等。通过模块组装就可以生成汽车制造服务系统来实现各类功能。功能设计将特定企业的需求映射为功能，并组织相关资源实现功能，各类功能需要与需求一一对应，并具有普适性，在汽车行业形成规模化的功能群，以此组成汽车行业制造与服务融合平台的功能集合。

在工业互联网中,以汽车制造服务业务的模块化设计为基础,进行汽车行业制造与服务融合设计,主要包括汽车行业制造与服务横向融合的价值链设计、汽车行业制造与服务纵向融合的产业链设计、平台基础服务功能设计等。汽车行业制造与服务融合功能设计依赖于工业互联网技术与工业大数据管理,分为汽车行业功能大类,每一大类中包含具体的核心功能与扩展功能,并且平台的具体功能随着历史数据更新与实时需求反馈动态化调整。汽车行业制造与服务融合管理平台功能模型如图 6.6 所示。

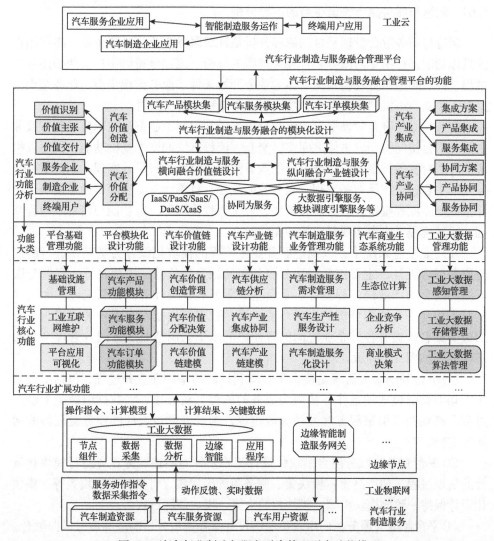

图 6.6　汽车行业制造与服务融合管理平台功能模型

6.4　制造与服务融合管理平台的流程模型

制造与服务融合管理平台模型中的流程模型是定义平台的动态特性，通过流程分析确定功能基本过程，然后针对基本过程设计每个步骤的实现方案，调度各类资源达成每个步骤，确保平台功能模型中各类功能的运行以及平台的基础管理。流程模型以规范化的系统设计方法深入分析每个功能的运行逻辑，协同制造服务主体之间的资源与时间冲突，设计合理的业务流程，为制造与服务融合奠定基础。

6.4.1　制造与服务融合管理平台的流程分析

制造与服务融合管理平台的流程分析是针对服务企业、制造企业、终端用户的具体功能进行制造与服务融合相关过程的分析。流程分析以用户实例描述业务过程，针对制造服务功能定义具体的业务开始条件、业务详细步骤、业务结束信息等，建立一组机制来实现业务功能与业务流程之间的映射。

制造与服务融合管理平台的流程分析可以利用新工业革命技术实现制造服务主体的平台访问机制、主体之间实时交互、流程算法调度等基础功能，同时以模块化方法封装各类制造与服务融合的业务流程，分别进行设计实现。制造服务业务流程主要包含产品业务流程、服务业务流程、订单业务流程等，通过模块化设计生成产品流程模块、服务流程模块、订单流程模块等。以功能与流程映射为基础，通过流程模块来实现对应的各类功能。

在商业生态系统中，以制造服务业务流程的模块化设计为基础，进行制造与服务融合设计，主要包括制造与服务横向融合的价值链流程设计、制造与服务纵向融合的产业链流程设计、平台基础服务流程设计等。在新工业革命技术支撑下构建平台流程分析的实时环境，采用数字孪生技术实现各类流程与业务的虚实结合，提升各类企业之间的智能协同水平。制造与服务融合管理平台的流程分析如图 6.7 所示。

(1)平台基础服务流程是确保平台顺利运转的基础性业务过程，包括平台采用一切即服务模式的运作、协同为服务的流程更新方法、大数据引擎服务触发过程、模块调度引擎服务触发步骤等流程，为管理平台设计的业务流程持续增加和完善。

(2)平台制造与服务融合模块化设计流程是针对制造服务业务进行模块化设计的实现过程，如产品流程模块集、服务流程模块集、订单流程模块集等。模块化设计保持一致的模块模型、模块封装方案、模块调度过程等。

(3)平台制造与服务横向融合价值链设计流程通过分析制造与服务横向融合，以生成、协同、操作、终止等步骤实现价值链设计。每个价值链设计方案采用统一的步骤，如交互界面、达成协议、业务过程、协同服务、设备服务、操作事件、事件完成等。

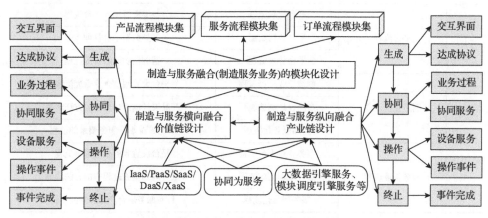

图 6.7　制造与服务融合管理平台的流程分析

（4）平台制造与服务纵向融合产业链设计流程通过分析制造与服务纵向融合，以生成、协同、操作、终止等步骤实现产业链设计。每个产业链设计方案采用统一的步骤，与横向融合的价值链设计步骤类似。

6.4.2　制造与服务融合管理平台的流程定义

制造与服务融合管理平台的流程定义是针对平台功能的实现过程进行设计的步骤，包括制造企业通过平台实现功能的具体步骤、服务企业通过平台实现功能的具体步骤、终端用户通过平台实现功能的具体步骤等。管理平台也会提供基础的服务流程，如制造服务主体的交互流程、系统访问登录流程、业务数据实时传递流程、工业大数据存储流程、制造服务运作管理流程等。平台基础流程随着新工业革命技术的更新而持续改进。

制造与服务融合管理平台的流程定义主要是确定制造企业、服务企业、终端用户的核心流程，这些流程与核心功能一一对应。制造企业围绕产品的生产过程确定通过平台管理的业务流程；服务企业围绕服务的实施过程确定通过平台管理的业务流程；终端用户围绕订单的操作步骤确定通过平台管理的业务流程。各类制造服务主体在制造与服务融合中设计各类平台功能对应的业务流程。

在商业生态系统中，制造与服务融合产生了制造服务化与生产性服务业务，制造服务化流程根据企业产品确定服务创新模式来增强服务要素，设计具体步骤；生产性服务流程根据服务企业服务确定提供服务的方法步骤，设计服务流程。制造服务化与生产性服务流程定义依据特定功能来建模，确定变量与指标，分析制造与服务融合程度，优化业务过程。制造与服务融合管理平台的流程定义如表 6.2 所示。

表 6.2　制造与服务融合管理平台的流程定义

序号	制造服务流程	流程模块	描述
1	平台流程	平台物联流程	各类资源接入平台流程
		平台数据流程	各类数据平台管理步骤
		平台管理流程	基础性功能的管理过程
2	制造企业流程	制造企业平台流程	平台设置制造企业管理流程
		产品设计制造流程	产品设计制造过程中的方法步骤
		产品服务化流程	针对产品融合服务要素的过程
3	服务企业流程	服务企业平台流程	平台设置服务企业管理流程
		服务规划实施流程	服务规划实施过程中的方法步骤
		服务产品化流程	针对服务融合产品要素的过程
4	终端用户流程	平台终端用户流程	平台设置终端用户管理流程
		订单生成交易流程	订单生成交易过程中的方法步骤
		产品服务系统流程	针对产品服务一体化的过程
5	生产性服务流程	资金筹措管理流程	为制造企业提供资金管理流程
		人力资本管理流程	为制造企业提供人力管理流程
		物料供应管理流程	为制造企业提供物料管理流程
6	制造服务化流程	服务要素增强流程	设计产品相关服务的过程
		制造服务融合流程	产品与服务相互映射的方法
		服务模式创新流程	针对服务业务建模流程

(1)平台流程主要包括平台物联流程、平台数据流程、平台管理流程等。平台流程围绕平台功能,结合新工业革命技术与商业生态系统设计各类功能的实现步骤,持续改进平台流程,支撑各类制造服务主体的业务与制造服务运作。

(2)制造企业流程主要包括制造企业平台流程、产品设计制造流程、产品服务化流程等。平台统一管理制造企业部分业务,实现制造与服务融合的创新功能,设计对应功能的流程次序,并考虑业务并行中流程的优先级。

(3)服务企业流程主要包括服务企业平台流程、服务规划实施流程、服务产品化流程等。平台统一管理服务企业部分业务,实现制造与服务融合的创新功能,设计服务企业功能对应的具体步骤,并考虑各类功能的时间序列流程。

(4)终端用户流程主要包括平台终端用户流程、订单生成交易流程、产品服务系统流程等。平台统一管理终端用户部分业务,实现制造与服务融合的创新功能,在终端用户体验制造服务过程中,支付制造服务价值,获得制造服务使用价值,并反馈使用体验。

(5)生产性服务流程主要包括资金筹措管理流程、人力资本管理流程、物料供应管理流程等。设计生产性服务的开始条件、服务对象、服务过程、服务终止等，平台根据服务企业和制造企业的业务流程时间序列，优化生产性服务流程。

(6)制造服务化流程主要包括服务要素增强流程、制造服务融合流程、服务模式创新流程等。设计制造服务化的开始条件、服务对象、服务过程、服务终止等，平台根据制造企业和终端用户的业务流程时间序列，优化制造服务化流程。

6.4.3　制造与服务融合管理平台的流程设计

制造与服务融合管理平台的流程设计是在流程分析的基础上，以流程定义与功能设计为参照进行业务流程的设计。流程设计与功能设计一一对应，相互映射，相互约束，相辅相成。在制造与服务融合过程中，注重产品实体化与服务虚拟化来设计具体的业务过程，在时间轴上设计业务步骤，在某些行业或者区域形成规模化的流程群，以此组成平台的流程集合。

制造与服务融合管理平台的流程设计一般要遵循如下原则：①具体业务流程要考虑价值链要素，在业务过程中创造价值；②在商业生态系统中根据产业链确定各类制造服务主体的业务流程，在时间和空间维度进行优化；③以制造与服务融合为目标，分析供应链稳定性，确保业务流程顺利实现。随着商业生态系统需求的变更，需要提供流程更新的智能化映射机制。

在商业生态系统中，制造与服务融合流程设计依赖工业互联网技术与工业大数据管理，具体分为平台基础管理流程、平台模块化设计流程、平台价值链设计流程、平台产业链设计流程、平台制造服务业务管理流程、商业生态系统流程、工业大数据管理流程等类型，每大类中包含具体的核心流程与扩展流程，并且平台的具体流程随着历史数据更新与实时需求反馈进行动态调整。制造与服务融合管理平台的流程设计如图 6.8 所示。

(1)平台基础管理流程是对基础功能实现的具体过程，主要包括基础设施管理流程、工业互联网维护流程、平台应用可视化流程等核心流程，扩展流程针对平台扩展功能进行流程建模，如工业物联网管理流程、工业云调度流程、工业智能算法库管理流程、边缘计算管理流程、5G 网络组网流程、移动互联网流程等。

(2)平台模块化设计流程是模块化方法实现中的具体步骤，主要包括产品流程模块、服务流程模块、订单流程模块等核心流程，扩展流程是模块化设计的辅助性过程，如产品服务化模块设计流程、服务产品化模块设计流程、模块集成流程、模块协同流程、模块存储流程、模块调度流程等。

(3)平台价值链设计流程是管理价值链融合的方法过程，主要包括价值创造流程、价值分配流程、价值链建模流程等核心流程，扩展流程是围绕价值链来构造的流程,如价值定义流程、价值网定义流程、价值层次分析流程、价值增值策略制定流程、价值活动分析流程、价值链优化流程等。

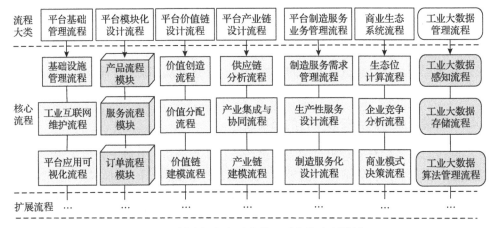

图 6.8　制造与服务融合管理平台的流程设计

(4)平台产业链设计流程是管理产业链融合的方法过程,主要包括供应链分析流程、产业集成与协同流程、产业链建模流程等核心流程,扩展流程是围绕产业链涉及业务的流程,如产业定义流程、产业演进分析流程、产业分布优化流程、区域产业链布置流程、行业产业链建模流程、产业链与供应链互动流程等。

(5)平台制造服务业务管理流程是平台管理的主要流程,主要包括制造服务需求管理流程、生产性服务设计流程、制造服务化设计流程等核心流程,扩展流程集中在制造与服务融合的应用过程,如产品服务系统流程、服务型制造流程、云制造流程、制造物联流程、分布式制造流程、社区化制造流程等。

(6)商业生态系统流程提供平台管理的流程环境,主要包括生态位计算流程、企业竞争分析流程、商业模式决策流程等核心流程,扩展流程围绕商业生态系统相关活动来设计具体实现步骤,如商业生态系统构造流程、服务企业生态分析流程、制造企业生态分析流程、终端用户生态分析流程等。

(7)工业大数据管理流程作为实现制造与服务融合的动力源泉,主要包括工业大数据感知流程、工业大数据存储流程、工业大数据算法管理流程等核心流程,扩展流程一般为工业大数据应用流程,如平台大数据分析流程、平台大数据决策流程、平台工业大数据可视化流程、历史数据聚类流程等。

6.5　本章小结

本章的主要研究工作可概括为如下几点。

(1)在分析制造与服务融合特点的基础上,将一切即服务模式和面向服务架构结合起来，构建了制造与服务融合管理平台，该平台具有一定的通用性和可扩展性，可有效提供制造与服务融合所需支撑条件。

（2）结合商业生态系统理论，建立了制造与服务融合的功能模型，该模型针对服务企业、制造企业和终端用户建立了制造服务业务功能模型，有效刻画了三种制造服务主体驱动的制造与服务融合业务。

（3）从新工业革命技术的角度，提出了制造与服务融合功能对应的流程模型，分析了各类制造服务的业务过程与资源需求，定义了制造与服务融合的基本流程，并设计基本流程有关的各类资源管理与调度规则，保障制造与服务融合的顺利实现。

第7章　总结与展望

7.1　制造与服务融合的理论技术总结

本书针对制造业和服务业融合的需求，研究了制造与服务融合理论与技术，在引入商业生态系统和新工业革命的基础上提出制造与服务融合理论与技术体系。本书主要研究了制造与服务融合大数据环境构建、制造与服务横向价值链融合、制造与服务纵向产业链融合等内容，最后完成了制造与服务融合理论与技术体系的建立。主要理论技术的内容如下。

（1）分析了商业生态系统理论和新工业革命技术，即商业生态系统的组成与特征、商业生态系统的健康性、商业生态系统的竞争与治理；新工业革命的内涵与特征、新工业革命的技术经济范式与政策、中国新工业革命的路径与内容等。在此基础上，提出了新工业革命中的制造与服务融合理论技术体系。

（2）在制造与服务融合大数据定义的基础上，提出了基于新工业革命的制造与服务融合大数据环境构建，从工业大数据角度建立数据感知环境。基于工业物联网采集制造与服务融合大数据，基于工业云存储制造与服务融合大数据；通过对智能工厂、智能生产、智能服务等核心业务的大数据分析，提出了基于新工业革命的制造与服务融合大数据智能分析方法；通过对服务企业、制造企业、终端用户等制造服务主体的大数据决策，提出了基于商业生态系统的制造与服务融合大数据智能决策方法。

（3）针对制造与服务融合价值链，提出了一种基于商业生态系统的制造与服务横向价值链融合方法。该方法首先采用企业价值理论分析制造与服务横向融合内涵，将制造与服务融合需求映射到制造与服务融合价值，基于商业生态系统建立制造与服务横向融合价值链模型；然后从横向融合角度研究价值创造机理，提出制造与服务融合的价值识别、价值主张、价值交付等规则；最后从横向融合角度研究价值分配策略，提出面向服务企业、制造企业、终端用户等制造服务主体的制造与服务横向融合价值分配算法。

（4）针对制造与服务融合产业链，提出了一种基于工业智能的制造与服务纵向产业链融合方法。该方法首先采用产业资源理论分析制造与服务纵向融合内涵，将制造与服务融合需求映射到制造与服务融合产业，基于工业智能建立制造与服务纵向融合产业链模型；然后从纵向融合角度研究产业集成，提出面向生产性服务的产业链纵向集成方法，包含纵向功能集成与纵向流程集成；最后从纵向融合角度研究产业协同，提出面向制造服务化的产业链纵向协同方法，包含纵向功能协同与纵向流程协同。

(5)针对制造与服务融合管理平台，提出了一种基于一切即服务的制造与服务融合管理平台的建模方法。该方法首先采用商业生态理论分析制造服务主体之间的业务关系网络，基于生态位确定节点位置对平台的要求，以此来总体设计平台架构与基础设施；然后结合制造与服务融合中的功能需求来建立管理平台的功能模型，包括功能分析、功能定义、功能设计等；最后基于新工业革命技术构建管理平台的流程模型，研究适合制造与服务融合功能的具体流程，使得功能与流程一一对应，进行流程分析、流程定义、流程设计等。

本书关于制造与服务融合理论技术的主要特色如下。

(1)从制造与服务融合的整体角度，以生产性服务和制造服务化为基础，建立了一种基于商业生态的制造与服务融合理论与技术体系。该体系从制造与服务融合大数据、制造与服务横向价值链融合和制造与服务纵向产业链融合等方面形成制造与服务融合随时随地运作的支撑环境。

(2)将商业生态系统理论引入制造与服务融合研究，提出了一组在商业生态系统环境中运营的制造与服务融合理论体系。该体系从大数据角度分析制造与服务融合需求、从生态位角度控制制造与服务融合价值模块、从生态学角度演化制造与服务融合系统，通过价值链创造价值与分配价值，使服务企业、制造企业和终端用户三方取得共赢。

(3)将新工业革命技术融入制造与服务融合应用，构建了一套在新工业革命背景下运营的制造与服务融合技术体系。该体系从制造与服务融合大数据分析与决策技术、制造与服务横向价值链融合技术、制造与服务纵向产业链融合技术等方面将分散的制造与服务资源集成起来共同创造价值，提高了制造企业的核心竞争力，有效融合了制造和服务。

本书的主要创新点如下。

(1)提出了一组基于工业物联网和工业云技术的制造与服务融合大数据分析与决策方法。

(2)提出了一种基于价值链理论和商业生态系统的制造与服务横向价值链融合方法。

(3)提出了一套基于产业链理论和工业智能的制造与服务纵向产业链融合方法。

7.2　制造与服务融合的研究难点探讨

制造与服务融合研究仍处于初始阶段，一方面制造服务理论研究不成熟，制造服务概念也不清晰，制造服务原理还不明确；另一方面，新工业革命相关技术尚未完全突破，云计算、物联网和大数据等技术在制造领域应用有待深入，特别是新工业革命模式在制造业应用中存在一些障碍。通过初步研究发现，制造与服务融合研究的主要难点如下。

(1)制造与服务融合大数据方面，工业大数据应用涉及制造服务主体的私有信息保护，特别是涉及价值分配方面的金融信息不可获取。对于制造服务主体的大数据安全和区块链应用等还需要深入研究。

(2)制造与服务横向价值链融合方面，制造服务主体的价值主张差异较大，特别是终端用户与服务企业之间的价值交换中服务质量与服务价格很难统一策略，终端用户与制造企业之间的价值交换存在个性化定制效应，制造企业与服务企业之间的外包业务价值博弈也是价值分配的难点。制造与服务融合管理平台的交易模式问题也值得探讨。

(3)制造与服务纵向产业链融合方面，制造服务系统集成生命周期理论需要结合产业链来完善，不同演化阶段的演化机制可以从生态学角度进行设计。对于商业生态系统与制造服务系统在演化中的协同机制，需要进一步分析。

7.3　制造与服务融合的应用前景展望

制造与服务融合研究内容较多，问题复杂，属于多学科交叉研究，研究结果可为服务企业、制造企业、终端用户的制造与服务融合提供支持，同时也是智能制造的重要组成部分。在制造企业服务化与服务企业智能化等方面应用前景广阔。

(1)面向国际制造企业的制造与服务融合，可以提供企业在全球范围的运作和管理，以制造与服务融合管理平台统一配置各国业务模式，并且提供不同国家制造与服务的占比，在商业生态系统中提高竞争力，主导全球产业链的重组与重构，及时调整产业政策，在智能制造领域选择最新技术，基于人工智能支持制造与服务融合。

(2)面向中央制造企业的制造与服务融合，可以使企业更快地实现技术和管理创新，依据政府计划推进企业资源保护与技术研发，提升生产性服务质量，为制造企业创造良好的运作环境，带动相关服务产业发展，形成政策与技术优势，在国内配置企业资源，在全球获取最新技术，基于智能制造推进制造与服务融合。

(3)面向民营制造企业的制造与服务融合，可以给企业提供灵活多变的自主创新平台，基于区域性制造与服务融合平台发展地域化集群产业，将制造与服务有机结合，弥补中央制造企业的业务盲点，快速在商业生态系统中找到合适的生态位；同时，采用行业化的制造与服务融合平台提供行业服务，突出行业特色，从政府、产业、企业各方需求出发，进行制造与服务融合。

参 考 文 献

[1] Skinner W. Manufacturing—The missing link in corporate edge[J]. Harvard Business Review, 1969, 47(3): 136-145.

[2] Hayes R H, Wheelwright S C. Restoring Our Competitive Edge: Competing Though Manufacturing[M]. New York: John Wiley & Sons, 1984.

[3] Swamidass P M, Newell W T. Manufacturing strategy, environmental uncertainty and performance: A path analytic model[J]. Management Science, 1987, 33(4): 509-524.

[4] 刘飞, 张华. 比较优势增长型与制造业发展战略选择[J]. 中国机械工程, 1998, 9(6): 76-80.

[5] Mohanty R P, Deshmukh S G. Managing green productivity, some strategic directions[J]. Production Planning and Control, 1998, 9(7): 624-633.

[6] Shi Y J, Gregory M. International manufacturing networks—To develop global competitive capabilities[J]. Journal of Operations Management, 1998, 16(2/3): 195-214.

[7] Ettlie J E. R&D and global manufacturing performance[J]. Management Science, 1998, 44(1): 1-11.

[8] Marinescu I D. Innovation and globalization of manufacturing[J]. International Journal of Industrial Engineering, 1998, 5(3): 244-248.

[9] Liker J K，Collins P D, Hull F M. Flexibility and standardization: Test of a contingency model of product design-manufacturing integration[J]. Journal of Product Innovation Management, 1999, 16(3): 248-267.

[10] Brown S. The role of manufacturing strategy in mass customization and agile manufacturing[C]. International Conference POMS-99 (India) on Operations Management for Global Economy: Challenges and Prospects, New Delhi, 1999: 35-50.

[11] St John C H, Cannon A R, Pouder R W. Change drivers in the new millennium: Implications for manufacturing strategy research[J]. Journal of Operations Management, 2001, 19(2): 143-160.

[12] 朱高峰. 关于发展我国制造业的几点思考[J]. 中国工业经济, 2001, 18(7): 5-16.

[13] 顾新建, 祁国宁, 陈子辰. 网络化制造的战略和方法: 制造业在网络经济中的生存与发展[M]. 北京: 高等教育出版社, 2001.

[14] 汪应洛, 王能民, 孙林岩. 绿色供应链管理的基本原理[J]. 中国工程科学, 2003, 5(11): 82-87.

[15] 吕铁. 比较优势、增长型式与制造业发展战略选择[J]. 管理世界, 2001, (4): 55-62.

[16] 李京文, 黄鲁成. 关于中国制造业创新战略的思考[J]. 中国软科学, 2003, 18(1): 23-26.

[17] 范玉顺, 刘飞, 祁国宁. 网络化制造系统及其应用实践[M]. 北京: 机械工业出版社, 2003.

[18] 郭重庆. 中国制造业企业的创新与品牌之路[J]. 管理学报, 2004, 1(1): 1-3.

[19] 张曙. 对我国制造业中长期发展战略的思考[J]. 中国工程科学, 2004, 6(5): 1-7.

[20] 江平宇. 网络化制造电子服务理论与技术[M]. 北京: 科学出版社, 2004.

[21] Slack N, Lewis M, Bates H. The two worlds of operations management research and practice: Can they meet, should they meet?[J]. International Journal of Operations & Production Management, 2004, 24(4): 372-387.

[22] 胥军. 中国信息化与工业化融合发展的影响因素及策略研究[D]. 武汉: 华中科技大学, 2008.

[23] 郎咸平. 产业链阴谋: 一场没有硝烟的战争(I)[M]. 北京: 东方出版社, 2008.

[24] 孙林岩. 中国制造业发展战略管理研究[M]. 北京: 清华大学出版社, 2009.

[25] 祁国宁. 四大压力催生制造服务[J]. 中国制造业信息化(应用版), 2009, (1): 14-15.

[26] 孙林岩, 李刚, 江志斌, 等. 21世纪的先进制造模式: 服务型制造[J]. 中国机械工程, 2007, 18(19): 2307- 2312.

[27] 孙林岩, 高杰, 朱春燕, 等. 服务型制造: 新型的产品模式与制造范式[J]. 中国机械工程, 2008, 19(21): 2600-2604, 2608.

[28] 孙林岩. 服务型制造: 理论与实践[M]. 北京: 清华大学出版社, 2009.

[29] 孙林岩, 孔婷, 梁东寒. 中国服务型制造企业案例集[M]. 北京: 清华大学出版社, 2011.

[30] 孙林岩, 杨才君, 张颖. 中国制造企业服务转型攻略[M]. 北京: 清华大学出版社, 2011.

[31] 何哲, 孙林岩. 中国制造业服务化: 理论、路径及其社会影响[M]. 北京: 清华大学出版社, 2012.

[32] 朱春燕, 魏丁, 孙林岩. 服务型制造环境下的主动式产品创新理论及工具[M]. 北京: 清华大学出版社, 2011.

[33] Maglio P P, Srinivasan S, Kreulen J T, et al. Service systems, service scientists, SSME, and innovation[J]. Communications of the ACM, 2006, 49(7): 81-85.

[34] 徐晓飞, 王忠杰, 莫同. 服务工程方法体系[J]. 计算机集成制造系统, 2007, 13(8): 1457-1464.

[35] 王忠杰, 吴倩, 徐晓飞. 组合 Web 服务的价值分析方法[J].计算机集成制造系统, 2014, 20(8): 2038-2049.

[36] 王忠杰, 徐飞, 徐晓飞. 支持大规模个性化功能需求的服务网络构建[J]. 软件学报, 2014, 25(6): 1180-1195.

[37] 战德臣, 程臻, 赵曦滨, 等. 制造服务及其成熟度模型[J]. 计算机集成制造系统, 2012, 18(7): 1584-1594.

[38] 何霆, 徐晓飞, 金铮. 基于 E3-Value 的服务供应链运作管理流程和方法[J]. 计算机集成制造系统, 2011, 17(10): 2231-2238.

[39] 王忠杰, 徐晓飞. 基于分层超图的服务价值依赖模型[J]. 计算机集成制造系统, 2011, 17(8): 1834-1843.

[40] 王忠杰, 徐晓飞. 多层次图形化服务价值建模方法[J]. 计算机集成制造系统, 2009, 15(12): 2319-2327.

[41] 王忠杰, 徐晓飞. 面向双边资源整合的服务创新模式[J]. 计算机集成制造系统, 2009, 15(12): 2216-2225.

[42] Mont O K. Clarifying the concept of product service system[J]. Journal of Cleaner Production, 2002, 10(3): 237-245.

[43] Manzini E, Vezzoli C. A strategic design approach to develop sustainable product service systems: Examples taken from the environmentally friendly innovation Italian prize[J]. Journal of Cleaner Production, 2003, 11(8): 851-857.

[44] Morelli N. Developing new product service systems (PSS): Methodologies and operational tools[J]. Journal of Cleaner Production, 2006, 14(17): 1495-1501.

[45] Mont O, Tukker A. Product-service systems: Reviewing achievements and refining the research agenda[J]. Journal of Cleaner Production, 2006, 14(17): 1451-1454.

[46] Meier H, Roy R, Seliger G. Industrial product service systems IPS2[J]. CIRP Annals—Manufacturing Technology, 2010, 59(2): 607-627.

[47] Evans S. COGENT—Implementing a successful vehicle manufacturer/supplier co-development initiative[J]. Journal of Materials and Manufacturing, 2002, 111(1): 204-205.

[48] Evans S, Partidário P J, Lambert J. Industrialization as a key element of sustainable product-service solutions[J]. International Journal of Production Research, 2007, 45(18/19): 4225-4246.

[49] Partidário P J, Lambert J, Evans S. Building more sustainable solutions in production-consumption systems: The case of food for people with reduced access[J]. Journal of Cleaner Production, 2007, 15(6): 513-524.

[50] Lettice F, Wyatt C, Evans S. Buyer-supplier partnerships during product design and development in the global automotive sector: Who invests, in what and when?[J]. International Journal of Production Economics, 2010, 127(2): 309-319.

[51] Tan A R, Matzen D, McAloone T C, et al. Strategies for designing and developing services for manufacturing firms[J]. CIRP Journal of Manufacturing Science and Technology, 2010, 33(2): 90-97.

[52] Yang M, Rana P, Evans S. Using value analysis to drive sustainable product-service system (PSS)[C]. Proceedings of the Spring Servitization Conference: Servitization in the Multi-Organisation Enterprise, Birmingham, 2013: 85-93.

[53] Vijaykumar A V G, Komoto H, Hussain R, et al. A manufacturing framework for capability-based product-service systems design[J]. Journal of Remanufacturing, 2013, 3(1): 8.

[54] 宋高歌. 基于资源节约的产品服务系统协调机制研究[D]. 上海: 上海交通大学, 2007.

[55] 杨宇时. 以可持续发展为目标的产品服务系统设计研究[D]. 无锡: 江南大学, 2009.

[56] 张在房. 顾客需求驱动的产品服务系统方案设计技术研究[D]. 上海: 上海交通大学, 2011.

[57] 朱琦琦, 江平宇, 张朋, 等. 数控加工装备的产品服务系统配置与运行体系结构研究[J]. 计算机集成制造系统, 2009, 15(6): 1140-1147, 1186.

[58] 刘和东, 薛跃. 基于产品服务系统的绿色供应链研究[J]. 工业技术经济, 2007, 26(7): 62-64.

[59] 李晓. 企业产品服务系统价值流理论与方法研究[D]. 杭州: 浙江大学, 2010.

[60] Li X, Gu X J, Liu Z G. A strategic performance measurement system for firms across supply and demand chains on the analogy of ecological succession[J]. Ecological Economics, 2009, 68(12): 2918-2929.

[61] 李晓, 刘正刚, 顾新建. 面向可持续发展的企业产品服务系统研究[J]. 中国工业经济, 2011, 23(2): 110-119.

[62] 顾新建, 方小卫, 纪杨建, 等. 制造服务创新方法和案例[M]. 北京: 科学出版社, 2014.

[63] 顾新建, 李晓, 祁国宁, 等. 产品服务系统理论和关键技术探讨[J]. 浙江大学学报(工学版), 2009, 43(12): 2237-2243.

[64] 江平宇, 朱琦琦, 张定红. 工业产品服务系统及其研究现状[J]. 计算机集成制造系统, 2011, 17(9): 2071-2078.

[65] Greenfield H I. Manpower and the Growth of Producer Services[M]. New York: Columbia University Press, 1966.

[66] Healey M J, Ilbery B W. Location & Change: Perspective of Economic Geography[M]. Oxford: Oxford University Press, 1990.

[67] Howells J, Green A E. Location, technology and industrial organisation in U.K. services[J]. Progress in Planning, 1986, 26(2): 83-183.

[68] Hansen N. The strategic role of producer services in regional development[J]. International Regional Science Review, 1993, 16(1/2): 187-195.

[69] Daniels P W. Service Industries: A Geographical Appraisal[M]. London: Methuen, 1985.

[70] Coffey W J, Bailly A S. Producer services and flexible production: An exploratory analysis[J]. Growth and Change, 1991, 22(4): 95-117.

[71] Harrington J W. Producer services research in U.S. regional studies[J]. The Professional Geographer, 1995, 47(1): 87-96.

[72] Hepworth M E. The Geography of the Information Economy[M]. London: Belhaven Press, 1989.

[73] Goe W R, Shanahan J. A conceptual approach for examining service sector growth in urban economies: Issues and problems in analyzing the service economy[J]. Economic Development Quarterly, 1990, 4(2): 144-153.

[74] Crawford-Welch S. International marketing and competition in european markets[J]. International Journal of Contemporary Hospitality Management, 1991, 3(4): 47-54.

[75] Hess C M, Kemerer C F. Computerized loan origination systems: An industry case study of the electronic markets hypothesis[J]. MIS Quarterly, 1994, 18(3): 251-275.

[76] Brown S W, Fisk R P, Bitner M J. The development and emergence of services marketing thought[J]. International Journal of Service Industry Management, 1994, 5(1): 21-48.

[77] 李江帆. 中国第三产业发展研究[M]. 北京: 人民出版社, 2005.

[78] 李江帆, 毕斗斗. 国外生产服务业研究述评[J]. 外国经济与管理, 2004, 26(11): 16-19, 25.

[79] 毕斗斗. 美国生产服务业演变趋势的实证研究[J]. 经济问题探索, 2009, (7): 127-131.

[80] 毕斗斗. 生产服务业演变趋势研究[D]. 广州: 中山大学, 2005.

[81] 毕斗斗. 生产服务业发展研究[M]. 北京: 经济科学出版社, 2009.

[82] 任旺兵. 我国制造业发展转型期生产性服务业发展问题[M]. 北京: 中国计划出版社, 2008.

[83] 甄峰, 顾朝林, 朱传耿. 西方生产性服务业研究述评[J]. 南京大学学报(哲学·人文科学·社会科学), 2001, 38(3): 31-38.

[84] 吕政, 刘勇, 王钦. 中国生产性服务业发展的战略选择: 基于产业互动的研究视角[J]. 中国工业经济, 2006, (8): 5-12.

[85] 顾乃华, 毕斗斗, 任旺兵. 生产性服务业与制造业互动发展: 文献综述[J]. 经济学家, 2006, (6): 35-41.

[86] 杨春立, 于明. 生产性服务与制造业价值链变化的分析[J]. 计算机集成制造系统, 2008, 14(1): 153-159.

[87] 郑吉昌, 夏晴. 基于互动的服务业发展与制造业竞争力关系: 以浙江先进制造业基地建设为例[J]. 工业工程与管理, 2005, 10(4): 98-103.

[88] 唐强荣, 徐学军, 何自力. 生产性服务业与制造业共生发展模型及实证研究[J]. 南开管理评论, 2009, 12(3): 20-26.

[89] 庞博慧, 郭振. 生产性服务业和制造业共生演化模型研究[J]. 经济管理, 2010, (9): 28-35.

[90] 魏江, 周丹. 生产性服务业与制造业互动机理研究——以乐清低压电器产业链为例[J]. 科学学研究, 2010, 28(8): 1171-1180.

[91] 高峰. 全球价值链视角下制造业与服务业的互动[J]. 现代管理科学, 2007, (1): 43-45.

[92] Kaldor N. Causes of the Slow Rate of Economic Growth of the United Kingdom: An Inaugural Lecture[M]. London: Cambridge University Press, 1966.

[93] 富克斯. 服务经济学[M]. 许微云, 万慧芬, 孙光德, 译. 北京: 商务印书馆, 1987.

[94] Carson I. The world as a single machine[J]. The Economist, 1998, 11(2): 12-23.

[95] Garcia-Milá T, McGuire T J. A note on the shift to a service-based economy and the consequences for regional growth [J]. Journal of Regional Science, 1998, 38(2): 353-363.

[96] Coyle D. Economics: The weightless economy [J]. Critical Quarterly, 1997, 39(4): 92-98.

[97] Drucker P F. The emerging theory of manufacturing[J]. Harvard Business Review, 1990, 19(3): 123-145.

[98] Houghton J, Pappas N, Sheehan P. New manufacturing: One approach to the knowledge economy[R]. Melbourne: Victoria University, 1999.

[99] Sheeham J M. Manufacturing industry consultative Council[C]. Conference of Agenda for New Manufacturing, Barcelona, 2000.

[100] Szalavetz A. Tertiarization of manufacturing industry in the new economy: Experiences in Hungarian companies[J]. Hungarian Academy of Sciences Working Papers, 2003, 23(2): 230-248.

[101] Vandermerwe S, Rada J. Servitization of business: Adding value by adding services[J]. European Management Journal, 1988, 6(4): 314-324.

[102] White A L, Stoughton M, Feng L. Servicizing: The quiet transition to extended product responsibility[R]. Boston: Tellus Institute, 1999.

[103] Neely A. The performance measurement revolution: Why now and what next?[J]. International Journal of Operations & Production Management, 1999, 19(2): 205-228.

[104] Neely A, Mills J, Platts K, et al. Performance measurement system design: Developing and testing a process-based approach[J]. International Journal of Operations & Production Management, 2000, 20(10): 1119-1145.

[105] Neely A, Ng I, Roy R. Complex engineering service systems[J]. Journal of Service Management, 2014, 25(5): 54-64.

[106] Ranaweera C, Neely A. Some moderating effects on the service quality-customer retention link[J]. International Journal of Operations & Production Management, 2003, 23(2): 230-248.

[107] Wilkinson A, Dainty A, Neely A. Changing times and changing timescales: The servitization of manufacturing[J]. International Journal of Operations & Production Management, 2009, 29(5): 31-43.

[108] Baines T S, Lightfoot H W, Evans S, et al. State of the art in product-service systems[J]. Proceedings of the Institution of Mechanical Engineers, Part B: Journal of Engineering Manufacture, 2007, 221(10): 1543-1552.

[109] Benedettini O, Neely A, Swink M. Why do servitized firms fail? A risk-based explanation[J]. International Journal of Operations & Production Management, 2015, 35(6): 946-979.

[110] Porter M E. Competitive Advantage: Creating and Sustaining Superior Performance[M]. New York: Free Press, 1985.

[111] Porter M E. Clusters and the new economics of competition[J]. Harvard Business Review, 1998, 76(6): 77-90.

[112] Porter M E. The Competitive Advantage of Nations: With a New Introduction[M]. New York:

Free Press, 1998.

[113] 刘继国. 制造服务化: 概念界定与机理研究[D]. 广州: 中山大学, 2007.

[114] 刘继国. 制造业服务化发展趋势研究[M]. 北京: 经济科学出版社, 2009.

[115] 刘继国, 李江帆. 国外制造业服务化问题研究综述[J]. 经济学家, 2007, (3): 119-126.

[116] 蔺雷. 制造企业的服务增强机制研究[D]. 北京: 清华大学, 2005.

[117] 蔺雷, 吴贵生. 制造业发展与服务创新机理、模式与战略[M]. 北京: 科学出版社, 2008.

[118] 蔺雷, 吴贵生. 制造业的服务增强研究: 起源、现状与发展[J]. 科研管理, 2006, 27(1): 91-99.

[119] 鲁桂花, 蔺雷, 吴贵生. 差别化竞争战略与服务增强的内在机理[J]. 中国工业经济, 2005, (5): 21-27.

[120] 蔺雷, 吴贵生. 我国制造企业服务增强差异化机制的实证研究[J]. 管理世界, 2007, (6): 103-113.

[121] 蔺雷, 吴贵生. 制造企业服务增强的质量弥补: 基于资源配置视角的实证研究[J]. 管理科学学报, 2009, 12(3): 142-154.

[122] 蔺雷, 吴贵生. 服务延伸产品差异化: 服务增强机制探讨——基于 Hotelling 地点模型框架内的理论分析[J]. 数量经济技术经济研究, 2005, 22(8): 137-147.

[123] 顾建新, 祁国宁. 知识型制造业: 中国制造企业如何赢得知识经济时代的挑战[M]. 北京: 国防工业出版社, 2000.

[124] 柏昊, 徐捷. 服务增强在制造业企业产品创新中的作用研究[J]. 华东经济管理, 2006, 20(10): 28-31.

[125] 陈煜, 秦俭. 物流企业增值服务模式探讨[J]. 商场现代化, 2005, 30(24): 37-38.

[126] Final report of the Industrie 4.0 Working Group. Securing the future of German manufacturing industry recommendations for implementing the strategic initiative INDUSTRIE 4.0[R]. Bonn: BMBF, 2013.

[127] (德)工业 4.0 工作组. 把握德国制造业的未来: 实施"工业 4.0"攻略的建议[R]. 波恩: 德国联邦教育研究部, 2013.

[128] 乌尔里希·森德勒. 工业 4.0: 即将来袭的第四次工业革命[M]. 邓敏, 李现民, 译. 北京: 机械工业出版社, 2014.

[129] 阿尔冯斯·波特霍夫, 恩斯特·安德雷亚斯·哈特曼. 工业 4.0(实践版): 开启未来工业的新模式、新策略和新思维[M]. 刘欣, 译. 北京: 机械工业出版社, 2015.

[130] 王喜文. 工业 4.0: 最后一次工业革命[M]. 北京: 电子工业出版社, 2015.

[131] Government Office for Science and Department for Business, Innovation & Skills. The future of manufacturing: A new era of opportunity and challenge for the UK[R]. London: GODBIS, 2013.

[132] 中华人民共和国国务院. 中国制造 2025[R]. 北京: 国务院, 2015.

[133] 工信部规划司. 工信部解读《中国制造 2025》[R]. 北京: 工信部规划司, 2015.

[134] 王喜文. 中国制造 2025 解读: 从工业大国到工业强国[M]. 北京: 机械工业出版社, 2015.

[135] Shi Y J, Gregory M, Naylor M. International manufacturing configuration map: A self-assessment tool of international manufacturing capabilities[J]. Integrated Manufacturing Systems, 1997, 8(5): 273-282.

[136] Cao Y H, You J X, Shi Y J, et al. Research on the allocation efficiency and influencing factors of scientific and technological resources in the Yangtze River Delta City Group[J]. Sustainability, 2021, 13(14):1-17.

[137] Colotla I, Shi Y J, Gregory M J. Operation and performance of international manufacturing networks[J]. International Journal of Operations and Production Management, 2003, 23(10): 1184-1206.

[138] Shi Y J. Internationalisation and evolution of manufacturing systems: Classic process models, new industrial issues, and academic challenges[J]. Integrated Manufacturing Systems, 2003, 14(4): 357-368.

[139] Shi Y J, Fleet D, Gregory M. Global manufacturing virtual network (GMVN): A revisiting of the concept after three years fieldwork[J]. Journal of Systems Science and Systems Engineering, 2003, 12(4): 432-448.

[140] Shi Y J, Gregory M. Emergence of global manufacturing virtual networks and establishment of new manufacturing infrastructure for faster innovation and firm growth[J]. Production Planning and Control, 2005, 16(6): 621-631.

[141] Liu Q, Shi Y J. Gird Manufacturing: A new solution for cross-enterprise collaboration[J]. The International Journal of Advanced Manufacturing Technology, 2008, 36(1): 205-212.

[142] Zhai E D, Shi Y J, Gregory M J. The growth and capability development of electronics manufacturing service (EMS) companies[J]. International Journal of Production Economics, 2007, 107(1): 1-19.

[143] Zhang Y F, Gregory M J, Shi Y J. Global engineering networks (GEN): Drivers, evolution, configuration, performance and key patterns[J]. Journal of Manufacturing Technology Management, 2008, 19(3): 299-314.

[144] Wu X B, Ma R F, Shi Y J, et al. Secondary innovation: The path of catch-up with "Made in China"[J]. China Economic Journal, 2009, 2(1): 93-104.

[145] Wu X B, Ma R F, Shi Y J. How do latecomer firms capture value from disruptive technologies? A secondary business-model innovation perspective[J]. IEEE Transactions on Engineering Management, 2010, 57(1): 51-62.

[146] Zhu S, Shi Y J. Shanzhai Manufacturing—An alternative innovation phenomenon in China: Its value chain and implications for Chinese science and technology policies[J]. Journal of Science

and Technology Policy in China, 2010, 1 (1): 29-49.

[147] Lorentz H, Kittipanya-Ngam P, Shi Y J, et al. Exploring geographical dispersion in a Thailand-based food supply chain (FSC)[J]. Benchmarking: An International Journal, 2011, 18 (6): 802-833.

[148] Salgado O, Shi Y J, Banks J. Emerging capabilities in manufacturing companies: Taxonomy of multinationals transformation[J]. International Journal of Business and Globalisation, 2012, 9 (3): 275-310.

[149] Rong K, Lin Y, Shi Y J, et al. Linking business ecosystem lifecycle with platform strategy: A triple view of technology, application and organisation[J]. International Journal of Technology Management, 2013, 62 (1):75-94.

[150] Zhang Y F, Gregory M J, Shi Y J. Managing global engineering networks part I: Theoretical foundations and the unique nature of engineering[J]. Proceedings of the Institution of Mechanical Engineers, Part B: Journal of Engineering Manufacture, 2014, 228: 163-171.

[151] Weiller C, Shang A, Neely A, et al. Competing and co-existing business models for EV: Lessons from international case studies[C]. World Electric Vehicle Symposium and Exhibition, Barcelona, 2013: 1-12.

[152] Hu G Y, Rong K, Shi Y J, et al. Sustaining the emerging carbon trading industry development: A business ecosystem approach of carbon traders[J]. Energy Policy, 2014, 73 (10): 587-597.

[153] Lu C, Rong K, You J X, et al. Business ecosystem and stakeholders' role transformation: Evidence from Chinese emerging electric vehicle industry[J]. Expert Systems with Applications, 2014, 41 (10): 4579-4595.

[154] Fleury A, Shi Y J, Fleury M T, et al. Framing international operations management: Contributions from emerging country multinationals[J]. Advances in International Management, 2015, 28 (2): 351-377.

[155] Rong K, Wu J X, Shi Y J, et al. Nurturing business ecosystems for growth in a foreign market: Incubating, identifying and integrating stakeholders[J]. Journal of International Management, 2015, 21 (4): 293-308.

[156] Rong K, Hu G Y, Lin Y, et al. Understanding business ecosystem using a 6C framework in internet-of-things-based sectors[J]. International Journal of Production Economics, 2015, 159: 41-55.

[157] Rong K. Nurturing business ecosystems from firm perspectives: Lifecycle, nurturing process, construct, configuration pattern[D]. Cambridge: University of Cambridge, 2011.

[158] Zhang R. How to nurturing a disruptive innovation under business ecosystems[D]. Cambridge: University of Cambridge, 2013.

[159] 许亮, 王若. 谈现代企业商业生态系统的建立[J]. 昆明理工大学学报, 1998, (4): 38-41.

[160] 范保群. 商业生态系统竞争方式及其启示[J]. 商业经济与管理, 2005, (11): 3-7.

[161] 王兴元. 商业生态系统理论及其研究意义[J]. 科技进步与对策, 2005, (2): 175-177.

[162] 梁运文, 谭力文. 商业生态系统价值结构、企业角色与战略选择[J]. 南开管理评论, 2005, 8(1): 57-63.

[163] 范保群, 王毅. 战略管理新趋势: 基于商业生态系统的竞争战略[J]. 商业经济与管理, 2006, (3): 3-10.

[164] 田秀华, 聂清凯, 夏健明, 等. 商业生态系统视角下企业互动关系模型构建研究[J]. 南方经济, 2006, (4): 50-57.

[165] 赵湘莲, 陈桂英. 未来新的商业模式——商业生态系统[J]. 经济纵横, 2007, 26(8): 79-81.

[166] 张蓓. 构建中国零售业商业生态系统[D]. 上海: 同济大学, 2007.

[167] 张文红. 商业生态系统健康评价方法研究[J]. 管理现代化, 2007, 153(5): 40-42, 30.

[168] 王娜. 商业生态系统健康评价体系探讨[J]. 价值工程, 2007, 26(11): 20-22.

[169] 杜国柱, 舒华英. 企业商业生态系统理论研究现状及展望[J]. 经济与管理研究, 2007, (7): 75-79.

[170] 陆杉, 高阳. 供应链的协同合作: 基于商业生态系统的分析[J]. 管理世界, 2007, (5): 160-161.

[171] 杜国柱, 王博涛. 商业生态系统与自然生态系统的比较研究[J]. 北京邮电大学学报(社会科学版), 2007, 9(5): 34-38.

[172] 李东. 面向进化特征的商业生态系统分类研究: 对33个典型核心企业商业生态实践的聚类分析[J]. 中国工业经济, 2008, (11): 119-129.

[173] 杜国柱. 企业商业生态系统健壮性评估模型研究[D]. 北京: 北京邮电大学, 2008.

[174] 肖磊, 李仕明. 商业生态系统: 内涵、结构及行为分析[J]. 管理学家(学术版), 2009, (1): 43-49, 78.

[175] 钟耕深, 崔祯珍. 商业生态系统理论及其发展方向[J]. 东岳论丛, 2009, 30(6): 27-33.

[176] 宋阳. 基于商业生态系统的中小企业成长机制研究[D]. 徐州: 中国矿业大学, 2009.

[177] 朱跃东, 柴欣. 商业生态系统理论的应用——基于阿里巴巴的分析[J]. 中国商界, 2010, (2): 188-189.

[178] 孙连才, 王宗军. 基于动态能力理论的商业生态系统下企业商业模式指标评价体系[J]. 管理世界, 2011, (5): 184-185.

[179] 李爱玉. 健康商业生态系统的评价量化模型[J]. 华北水利水电学院学报, 2011, 32(1): 139-141.

[180] 潘剑英, 王重鸣. 商业生态系统理论模型回顾与研究展望[J]. 外国经济与管理, 2012, 34(9): 51-58.

[181] 李强, 揭筱纹. 基于商业生态系统的企业战略新模型研究[J]. 管理学报, 2012, 9(2): 233-237.

[182] Hannan M T, Freeman J. The population ecology of organizations[J]. American Journal of Sociology, 1977, 82(5): 929-964.

[183] Moore J F. Predators and prey: A new ecology of competition[J]. Harvard Business Review, 1993, 71(3): 75-86.

[184] Power M E, Tilman D, Estes J A, et al. Challenges in the quest for keystones[J]. BioScience, 1996, 46(8): 609-620.

[185] Moore J F. The Death of Competition: Leadership and Strategy in the Age of Business Ecosystems[M]. Boston: John Wiley & Sons, 1996.

[186] Moore J F. The rise of a corporate form[J]. Washington Quarterly, 1998, 21(1): 167-181.

[187] Iansiti M, Levien R. Keystones and dominators—Framing the operational dynamics of business ecosystem[R]. Boston: Estados Unidos, 2002.

[188] Iansiti M, Levien R. The Keystone Advantage: What the New Dynamics of Business Ecosystems Mean for Strategy, Innovation, and Sustainability[M]. Boston: Harvard Business Press, 2004.

[189] Peltoniemi M, Vuori E. Business ecosystem as the new approach to complex adaptive business environments[C]. Proceedings of eBusiness Research Forum, Huddersfield, 2004: 267-281.

[190] Korhonen J, von Malmborg F, Strachan P A, et al. Management and policy aspects of industrial ecology: An emerging research agenda[J]. Business Strategy and the Environment, 2004, 13(5): 289-305.

[191] Iansiti M, Levien R. Strategy as ecology[J]. Harvard Business Review, 2004, 82(3): 68-78, 126.

[192] Peltoniemi M, Vuori E, Laihonen H. Business ecosystem as a tool for the conceptualisation of the external diversity of an organisation[C]. Proceedings of the Complexity, Science and Society Conference, Liverpool, 2005: 11-14.

[193] den Hartigh E, Tol M, Visscher W. The health measurement of a business ecosystem[C]. Proceedings of the European Network on Chaos and Complexity Research and Management Practice Meeting, Heraklion, 2006: 1-39.

[194] Moore J F. Business ecosystems and the view from the firm[J]. The Antitrust Bulletin, 2006, 51(1): 31-75.

[195] Peltoniemi M. Preliminary theoretical framework for the study of business ecosystems[J]. Emergence: Complexity & Organization, 2006, 8(1): 10-18.

[196] Garnsey E, Leong Y Y. Combining resource-based and evolutionary theory to explain the genesis of bio-networks[J]. Industry and Innovation, 2008, 15(6): 669-686.

[197] Kim H, Lee J N, Han J. The role of IT in business ecosystems[J]. Communications of the ACM, 2010, 53(5): 151-156.

[198] Zhang J, Liang X J. Business ecosystem strategies of mobile network operators in the 3G era: The case of China Mobile[J]. Telecommunications Policy, 2011, 35(2): 156-171.

[199] 王娜. 现代服务业的商业生态系统研究[M]. 北京: 经济管理出版社, 2015.

[200] 孙广生. 循环经济的运行机制与发展战略: 基于产业链视角的分析[M]. 北京: 中国经济出版社, 2013.

[201] 杨仁发. 产业融合——中国生产性服务业与制造业竞争力研究[M]. 北京: 北京大学出版社, 2018.

[202] 孙佳, 李强. 制造企业服务化驱动机理和实现路径研究[M]. 北京: 知识产权出版社, 2020.

[203] 彼得·马什. 新工业革命[M]. 赛迪研究院专家组, 译. 北京: 中信出版社, 2013.

[204] 黄群慧, 贺俊. 新工业革命: 理论逻辑与战略视野[M]. 北京: 社会科学文献出版社, 2016.

[205] 赵昌文. 新工业革命的中国战略[M]. 北京: 中国发展出版社, 2018.

[206] 赵昌文, 许召元. 新工业革命背景下的中国产业升级[M]. 北京: 北京大学出版社, 2020.

[207] 周佳军, 姚锡凡. 先进制造技术与新工业革命[J]. 计算机集成制造系统, 2015, 21(8): 1963-1978.

[208] 余东华, 胡亚男, 吕逸楠. 新工业革命背景下"中国制造2025"的技术创新路径和产业选择研究[J]. 天津社会科学, 2015, 4(4): 98-107.

[209] 姚锡凡, 景轩, 张剑铭, 等. 走向新工业革命的智能制造[J]. 计算机集成制造系统, 2020, 26(9): 2299-2320.

[210] 王易, 邱国栋. 新工业革命背景下多元智能组织研究: 以GE和海尔为案例[J]. 经济管理, 2020, 42(2): 92-105.

[211] 张旭梅, 但斌, 韩小鹏. 现代制造服务: 理论与实践[M]. 北京: 科学出版社, 2015.

[212] 江平宇, 张富强, 付颖斌. 服务型制造执行系统理论与关键技术[M]. 北京: 科学出版社, 2015.

[213] 国家制造强国建设战略咨询委员会, 中国工程院战略咨询中心. 服务型制造[M]. 北京: 电子工业出版社, 2016.

[214] 张卫, 石涌江, 顾新建, 等. 基于商业生态的移动制造服务理论与技术[M]. 北京: 科学出版社, 2016.

[215] 张卫, 李仁旺, 潘晓弘. 工业4.0环境下的智能制造服务理论与技术[M]. 北京: 科学出版社, 2017.

[216] 薛宏全. 面向机床再制造的云服务平台关键技术研究[M]. 北京: 经济管理出版社, 2019.

[217] 戴翔, 何启志, 吴松强. 新国际分工下制造业服务化与价值链攀升: 理论经验及路径[M]. 北京: 经济管理出版社, 2019.

[218] 郑树泉, 王倩, 武智霞, 等. 工业智能技术与应用[M]. 上海: 上海科学技术出版社, 2019.

[219] 姚锡凡, 周佳军. 智慧制造理论与技术[M]. 北京: 科学出版社, 2020.

[220] 李伯虎, 柴旭东, 张霖. 智慧制造云[M]. 北京: 化学工业出版社, 2020.

[221] 中国电子技术标准化研究院. 智能制造标准化[M]. 北京: 清华大学出版社, 2019.

[222] 张洁, 吕佑龙, 汪俊亮, 等. 智能车间的大数据应用[M]. 北京: 清华大学出版社, 2020.

[223] 郑力, 莫莉. 智能制造: 技术前沿与探索应用[M]. 北京: 清华大学出版社, 2021.

[224] 江志斌, 林文进, 王康周, 等. 未来制造新模式: 理论、模式及实践[M]. 北京: 清华大学出版社, 2020.

[225] 江平宇, 张富强, 郭威. 智能制造服务技术[M]. 北京: 清华大学出版社, 2021.

[226] 王立平, 张根保, 张开富, 等. 智能制造装备及系统[M]. 北京: 清华大学出版社, 2020.

[227] 袁勇, 王飞跃. 区块链+智能制造: 技术与应用[M]. 北京: 清华大学出版社, 2021

编 后 记

　　"博士后文库"是汇集自然科学领域博士后研究人员优秀学术成果的系列丛书。"博士后文库"致力于打造专属于博士后学术创新的旗舰品牌，营造博士后百花齐放的学术氛围，提升博士后优秀成果的学术影响力和社会影响力。

　　"博士后文库"出版资助工作开展以来，得到了全国博士后管委会办公室、中国博士后科学基金会、中国科学院、科学出版社等有关单位领导的大力支持，众多热心博士后事业的专家学者给予积极的建议，工作人员做了大量艰苦细致的工作。在此，我们一并表示感谢！

"博士后文库"编委会